AF639524

ZEIT DER BRONZE

Linda Dielemans
mit Illustrationen von Sanne te Loo

Zeit der Bronze

Schimmernde Schätze aus dunkler Vergangenheit

Aus dem Niederländischen
von Rolf Erdorf

ultramar media

Inhalt

1

Nanu? Ein Buch über Bronze?

Wovon bitte handelt dieses Buch? Von Bronze? Was ist das denn für ein Thema? – Ein wirklich spannendes, so viel kann ich dir schon mal verraten! Sonst hätte es dieses Buch nie gegeben. Und mal ehrlich: Eigentlich bist du doch auch neugierig. Denn du liest es ja bereits.

Willkommen in der Bronzezeit

Dieses Buch handelt nicht einfach nur von Bronze. Hier geht es um sehr alte Bronze, der erste metallische Werkstoff, der wichtiger wurde als Stein. Und vielleicht hast du es schon erraten: Das geschah in einem Zeitalter, das man die Bronzezeit nennt. Womöglich hast du ja noch nie davon gehört. Oder vielleicht doch, aber du weißt nicht besonders viel darüber. Ist auch schon ziemlich lange her. Es war, lange bevor die mittelalterlichen Ritter Burgen bestürmten und auch noch lange bevor die Römer in unsere Regionen einmarschierten. Die Bronzezeit begann vor mehr als 4000 Jahren, so um 2200 vor Christus, und endete etwa 800 vor Christus. Sie dauerte also knapp anderthalbtausend Jahre. Danach begann die Eisenzeit.

Deutschland sah damals ganz anders aus als jetzt. Zuallererst gab es „Deutschland“ oder andere Staaten noch gar nicht. Es gab keine Grenzen, wie wir sie heutzutage kennen. Das Land nördlich der Alpen, das wir heute alle zusammen bewohnen, war nicht mehr als das: ein Stück Land, allerdings mit viel weniger Menschen. An manchen Orten konnte man weit in die Ferne schauen, manchmal bis ganz an den Horizont. Große und kleine Flüsse durchströmten es, es gab Hügelland, Sümpfe und ausgedehnte Heideflächen. Aber es wuchsen auch noch echte Urwälder, in denen Rothirsche, Elche und Braunbären lebten.

Menschen wohnten mit ihrer ganzen Familie in großen strohgedeckten Bauernhäusern, die aus Holz gebaut waren, oder in kleineren, fast quadratischen Häusern. Manchmal standen diese zusammen und bildeten ein Dorf, aber ebenso häufig wohnten Familien für sich allein, und die nächsten Nachbarn gab es erst einige Hundert Meter weiter. Sie hielten Rinder, die im Winter mit im Bauernhaus standen, aber auch Schafe, Schweine und Hunde. Um das Bauernhaus lagen Weiden und Getreideäcker. Die Ernte wurde in Karren mit Holzrädern eingebracht und in Vorratsscheuern auf dem Hof gelagert. Im Haus war es dunkel, aber gemütlich. Entlang der Wände standen Körbe mit Wolle und ein Webstuhl. Von den Dachbalken hingen Kräuter und Fleisch zum Trocknen herab, und um den Kamin waren Bänke, Hocker und Kochtöpfe versammelt.

Wenn du das so liest, kommt es dir vielleicht nicht so spannend vor. Aber gerade diese Menschen mit ihrem Vieh und ihren dämmrigen Bauernhäusern sollten etwas ganz Besonderes erleben: Zum ersten Mal in der Geschichte verwendeten Menschen Metall. Und dieses Metall (oder genauer: dieses Metallgemisch) war Bronze. Zuletzt sollte Bronze ihre gesamten Werkzeuge aus Stein ersetzen. Das an sich ist schon bemerkenswert genug. Denn Stein wurde schon Hunderttausende von Jahren zu Werkzeugen verarbeitet. Dann kam die Bronze und verdrängte den Stein. Aber das ist längst nicht alles, was sich über Bronze sagen lässt. Mit ihr hat es nämlich auch manch Mysteriöses auf sich.

Ein Mysterium

Auf dem Umschlag dieses Buches steht – neben dem von Sanne te Loo, von der die wunderschönen Illustrationen stammen – mein Name: Linda Dielemans. Ich bin Schriftstellerin von Beruf, das wird dich nicht wundern, aber daneben bin ich auch Archäologin. Eine Archäologin sucht im Erdboden nach dem, was Menschen dort vor langer Zeit hinterlassen haben. Nachdem eine Ausgrabung abgeschlossen ist, wird alles, was dort gefunden wurde, sorgfältig untersucht und notiert. Es ist einer der schönsten Berufe der Welt! Daneben ist Archäologin zu sein auch noch superpraktisch, wenn man über die Bronzezeit schreiben will. Denn Bücher gab es damals noch keine. Die Bronzezeit ist Bestandteil der Prähistorie oder auch Urgeschichte, also der Zeit, in der die Menschen zwar schon Zeichen hinterlassen haben, aber noch keine Schrift im heutigen Sinn kannten. Nachlesen, wie das Leben zu dieser Zeit war und was sich in ihr ereignete, geht also nicht.

Alles, was wir aus der Bronzezeit haben, sind die Gegenstände oder Objekte, die Archäologen ausgraben, sowie die Spuren von Häusern und den sie umgebenden Anwesen. Verfaulte Holzpfähle hinterlassen dunkle Flecken im Erdboden. Durch den Farbunterschied kann man also genau sehen, wo die Häuser gestanden haben, und auch, wie sie ungefähr aussahen. Daneben lässt sich auch noch erkennen, wo es einmal Gruben, Wasserbrunnen und Gräben gegeben hat. Im Lauf der Zeit landen darin auch das Laub der Bäume und andere Pflanzenreste, die schließlich zu schwarzer Erde zerfallen. Archäologinnen und Archäologen freuen sich meistens sehr über solche tiefen Gruben und Gräben, denn nicht selten haben die Menschen auch ihre Abfälle dort hineingeworfen. Das können Scherben von zerbrochenem Geschirr sein, die Knochen geschlachteter Tiere oder zerbrochene Steinwerkzeuge. Sehr selten findet man auch einmal Gegenstände aus Bronze darin. Vielleicht hat jemand diese irgendwann verloren oder keine Verwendung mehr dafür gehabt.

Aber Moment mal ... Das ist schon sehr verwunderlich. Denn das Allerpraktischste an Bronze ist ja, dass man sie ein- und umschmelzen kann, und zwar so oft man will. Warum sollte man also sein altes Beil wegwerfen, wenn daraus auch ein neues gemacht werden kann? Oder vielleicht ein Armreif oder eine schöne Nadel zum Feststecken seines Mantels? Und es wird noch geheimnisvoller. Objekte aus Bronze werden eher selten in der Nähe von Häusern gefunden. Sie liegen hauptsächlich in Sümpfen, Mooren und Flüssen. Besonders die schönsten Dinge landeten dort; Dinge, die unheimlich viel wert waren.

Ist ja merkwürdig, wirst du jetzt denken. Wieso das denn?

Die große Frage

Genau das ist das Geheimnis, um das es in diesem Buch geht. Die große Frage. Und die lässt sich nicht einfach so beantworten. Dafür braucht es die Wissenschaft. Und so habe ich dieses Buch auch nicht ganz allein zustande gebracht. Kein Geringerer als Professor David Fontijn von der Universität in Leiden hat mir dabei geholfen. Er ist einer der größten Experten auf dem Gebiet der Bronzezeit in Europa.

Zusammen mit seinem Forscherteam untersucht David genau das, was an dieser Zeit so verwunderlich ist: Warum haben Menschen das Teuerste und Wertvollste, was sie besaßen, weggeworfen? Als hättest du dir gerade das allerneueste Smartphone gekauft und würdest es anschließend einfach so von einer Brücke in, sagen wir mal, den Rhein fallen lassen. Oder du lässt sogar zwei, fünf oder zehn gleichzeitig ins Wasser plumpsen. Und bist hinterher sogar noch froh, es getan zu haben. Das erscheint so unwirklich. Dennoch ist genau das damals vor 4000 Jahren passiert. Allerdings nicht mit teuren elektronischen Gadgets, sondern mit wertvollen Gegenständen aus Bronze.

Aber wie erforscht man so etwas? Zeitmaschinen gibt es schließlich nicht. Man kann nicht 4000 Jahre in der Zeit zurückreisen und mal eben die nächstbeste Frau fragen: „Ach, sagen Sie mir doch bitte: Warum haben Sie das gemacht?" Wir haben nichts anderes als die Objekte, die Archäologen aus dem Erdboden geholt haben. Aber zum Glück können die uns sehr gut weiterhelfen. Nicht weil man sie etwas fragen, sondern weil man sie studieren und erforschen kann.

Betrachtet man ihre Eigenschaften genauer, erfährt man zum Beispiel, ob Beile, Schwerter oder Armreife öfter in der Landschaft zurückgelassen wurden. Untersucht man dann noch die Fundorte all dieser Objekte, dann erfährt man, ob es einen Zusammenhang zwischen einem bestimmten Ort und einem Objekt gibt. So lässt sich ersehen, dass Schwerter meistens in Flüsse geworfen wurden, Armreife dagegen in Sümpfe. Auf diese Weise entdeckt man gewisse Muster. Und diese Muster wiederum sagen etwas darüber aus, was die Menschen dachten.

Ein Puzzle

Es erinnert ein wenig an ein großes Puzzle, allerdings ohne Bildvorlage. Manche Teile bringt man recht schnell zusammen, bei anderen ist es schwieriger. Und das ganze Puzzle komplett hinzubekommen ist eine richtige Knobelei. Man weiß noch nicht einmal sicher, ob man tatsächlich alle Teile besitzt. Aber auch wenn das Puzzle noch nicht ganz fertig ist, kann man schon etwas darüber sagen, was es darstellt.

Professor David Fontijn und sein Forschungsteam stecken viel Energie und Zeit in dieses Puzzle. Und obgleich es noch unfertig ist, haben sie schon eine Menge an Teilen zusammengefügt. Als ich Archäologie studierte, war David einer meiner Professoren. Gleich von Anfang an weckten seine Geschichten von Schwertern, Flüssen und Sümpfen meine Neugier – und meine Fantasie. Deshalb freue ich mich sehr, dass ich jetzt für dich aufschreiben darf, was er und sein Forschungsteam alles über diese versenkten Schätze aus Bronze entdeckt haben. Sie haben einen Haufen Geschichten zu erzählen. Spannende, geheimnisvolle und bisweilen traurige Geschichten. Los gehts: Es war einmal ...

2

Das erste Metall

Hast du schon mal über die Reißzwecken auf deiner Pinnwand nachgedacht? Oder die Büroklammern auf deinem Schreibtisch? Oder die kleinen Metallösen an deinen Schuhen, die für die Schnürsenkel? Wahrscheinlich nicht, oder jedenfalls nur selten. Aber vielleicht tagträumst du ja manchmal, du hättest so etwas Simples wie die Reißzwecke erfunden. Dann würde jeder jetzt deine Erfindung verwenden, und

du wärst vielleicht sehr, sehr reich. Aber es gibt noch etwas Wundersames an diesen kleinen, alltäglichen Dingen, die dir das Leben erleichtern, ohne dass es dir sonderlich auffällt. Es ist das Material, aus dem sie gemacht sind: Metall.

Etwas Besonderes

Wieso ist das so besonders, fragst du dich jetzt womöglich. Denn Metall sieht man überall. Es befindet sich in fast allem, was wir benutzen. In deinem Computer und deinem Smartphone. Dem Messer, mit dem du dir ein Butterbrot schmierst. Oder deiner Zahnspange, falls du eine trägst. Auch darin steckt Metall. Es erscheint uns sehr normal, aber das ist es eigentlich nicht. Denn vor der Erfindung der Reißzwecke stand erst einmal die Entdeckung von Metall. Oder besser gesagt die Entdeckung, wie man aus Metall etwas herstellen kann.

Bevor die Menschen das herausgefunden hatten, waren die meisten Werkzeuge aus Stein. Tierknochen und Hirschhorn eigneten sich zwar auch dafür, aber Stein war das härteste und schärfste Material, das man bekommen konnte. Besonders Feuerstein. Der ist härter als Stahl und findet sich einfach an Flussufern oder in dem Lehm und Sand, der im Verlauf von zwei Eiszeiten – vor 400 000 und vor 150 000 Jahren – von riesigen Gletschern nach Deutschland geschoben wurde. Er findet sich in der Kreide der Inseln Düne und Rügen, auf den Feuersteinfeldern des Naturschutzgebiets Steinfelder in der Schmalen Heide oder auch unterirdisch im niedersächsischen Bergland sowie in Baden-Württemberg. Oft liegt er nah genug an der

Oberfläche, dass man danach graben kann. Das wurde auch in der Urgeschichte schon viel getan. Mit Hacken und Beilen aus Stein und Hirschhorn gruben Menschen schmale Tunnel in die Erde, um zu der Feuersteinschicht zu gelangen. An einigen Orten kann man diese prähistorischen Minen noch sehen.

Kannst du dir das vorstellen? Ohne Taschenlampe und Helm lässt du dich an einem Seil hängend in die Dämmerung hinab. Es gab keine Balken, um die Tunnel abzustützen, und keine Förderbänder, um den Feuerstein ins Freie zu transportieren. Eine schwere und gefährliche Arbeit also. Aber dennoch verrichteten die Menschen sie, so wichtig war guter Feuerstein.

Schimmernde Steine

Wenn man fest genug mit einem anderen Stein auf Feuerstein schlägt, platzen Splitter davon ab, die so scharf sind, dass man sie als Messer verwenden kann. Einen größeren Brocken kann man durch Schlagen, Klopfen und eine spezielle Drucktechnik genau in die Form bringen, die man haben will: die eines Beiles zum Beispiel. Aber dein Werkzeug kann noch so hart und scharf sein, irgendwann geht es einmal kaputt. Die Menschen waren also immer auf der Suche nach neuem Feuerstein.

Eines Tages, irgendwo in den Bergen Serbiens oder der Türkei, erblickte jemand ein auffälliges Stück Stein, das rosa im Sonnenlicht schimmerte, ähnlich wie der Himmel, wenn der Morgen graut.

Wow, wie schön!, muss die Finderin gedacht haben. Das wird eine ganz besondere Steinspitze! Und der schimmernde Stein verschwand in einer Ledertasche. Eine Weile später, wieder daheim am behaglich warmen Feuer, holte sie den Stein wieder hervor und betrachtete ihn etwas genauer. Der Stein sah etwas eigenartig aus, anders als sonstige Steine. Aber die Finderin zuckte die Schultern, hielt ihn gut fest und schlug dann kräftig mit einem anderen Stein darauf. Daraufhin muss sie sich richtig erschrocken haben! Denn von dem schimmernden Stein lösten sich überhaupt keine Splitter.

Stattdessen hatte er eine gehörige Beule bekommen. Sie versuchte es nochmals und nochmals. Aber der Stein wurde lediglich flacher. Wie weit würde sie gehen können?

Sie hämmerte weiter, bis ein dünnes Plättchen übrig blieb, das im Feuerschein glänzte. Es war nicht die erhoffte Pfeilspitze geworden und außerdem an einigen Stellen gebrochen, aber schön war es trotzdem! So schön, dass sie es allen zeigen wollte. Sie bog die glänzenden Teilchen eins nach dem anderen zu kleinen Röllchen zusammen. Irgendwo hatte sie auch noch eine Kordel. Darauf zog sie die Röllchen und knotete sich die Kette um den Hals. Einen solchen Schmuck hatte hier niemand!

Dieser rosig schimmernde Stein war nämlich kein Stein, sondern Kupfer. Bestimmt hast du es schon erraten: Das ist das allererste Metall. Genau wie Gold glänzt es prächtig. Dazu ist es weich und somit leicht zu bearbeiten. Es ist sehr gut möglich, dass Kupfer so entdeckt wurde, wie ich es gerade beschrieben habe, aber sicher weiß das natürlich niemand. Wenn du so etwas erlebt hättest, würdest du vermutlich darüber schreiben. In dein Tagebuch oder vielleicht auch in deinem Blog. Aber vor rund 9000 Jahren, als das hier zum ersten Mal geschehen sein muss, hat noch niemand etwas aufgeschrieben. Es gab noch nicht einmal Buchstaben. Nur diese Kupferröllchen, die hat es wirklich gegeben.

Kupfersucher

Du kannst dir vorstellen, dass alle, die so ein hübsches Röllchen sahen, auch eins haben wollten. Die Menschen werden nach Kupfer gesucht haben. Und wer wusste, wo es zu finden war, ging natürlich schleunigst zu der Stelle, um alles aufzusammeln, was dort herumlag. Der eine wünschte sich vielleicht schon länger eine neue Kuh zur Vergrößerung seiner Herde. Oder die andere hatte jemanden in schönen Kleidern gesehen, die sie eigentlich auch für sich haben wollte. Und weil es Geld noch nicht gab ... mussten die Menschen eben tauschen. Und was eignete sich besser dafür als etwas, das alle haben wollten?

Schon bald war natürlich kein Klümpchen Kupfer mehr zu finden. Gleichzeitig wurde es immer beliebter. Also überlegten sich einige Schlauköpfe, dass an den Stellen, wo viel Kupfer herumlag, bestimmt noch mehr sein musste, und zwar im Erdboden! Denn wenn man durch Graben Feuerstein finden konnte, wieso dann nicht auch Kupfer? Der Erdboden, der Kupfer enthält, ist bloß viel härter als der mit Feuerstein. Die Stollen konnten also nicht einfach so in die Erde getrieben werden.

Zum Glück ließen die Menschen sich dazu bald etwas Cleveres einfallen. Dort, wo sie das Kupfer vermuteten, brannten sie ein großes Feuer ab, sodass der Fels ringsum sehr heiß wurde. Dann gossen sie kaltes Wasser darüber. Der heiße Felsen zerplatzte und ließ sich leicht weghacken. So kamen sie Stück für Stück tiefer in die Erde, bis echte Kupferminen mit langen, dunklen Stollen entstanden, in denen die dumpfen Schläge der Beile ertönten.

Das unterirdische Kupfer sah allerdings anders aus als die rosa schimmernden Klümpchen, die man einfach auflesen konnte. Aber mittlerweile war Kupfer schon ziemlich bekannt, und jeder hatte gesehen, dass die schönen Schmuckröllchen nach einiger Zeit grünlich anliefen. Und genau so sah das Kupfer im Boden aus. Wie praktisch! Denn so ließ es sich immer noch gut erkennen. Das Kupfer – in dieser Form nennt man es Kupfererz – zog sich als grünliche Ader durch die grauen Felsen. Kupferschmuck hatte man damit allerdings noch nicht.

Inzwischen war schon entdeckt worden, dass Kupfer sich leichter bearbeiten lässt, wenn man es vorher erhitzt. Das versuchten die Kupfersucher auch mit dem Kupfererz. Doch nichts geschah. Also machten sie das Feuer heißer und heißer. Das taten sie, indem sie ihm mit Blasebälgen Luft zuführten und zusätzlich Holzkohlebrocken hineinwarfen. Und auf einmal war da Kupfer! Inmitten der Glut hatten sich schimmernde Klümpchen und Tropfen gebildet.

Heißer ist besser

Bald schon wussten die Kupfersucher, dass das Kupfer schmolz, wenn man das Feuer noch etwas heißer machte. Dann kann man es sogar gießen, und zwar in fast jede beliebige Form. Dazu braucht es eine Gussform, und die wird meistens aus gebranntem Ton oder aus Stein hergestellt. Es funktioniert in etwa wie mit einer Kuchenform, die aussieht wie, sagen wir mal, ein Teddybär. Du gießt den Teig hinein, stellst das Ganze in den Backofen, und nach einiger Zeit hast du einen festen Kuchenbären. Nur dass Kupfer im Gegensatz zum Kuchenteig in heißem Zustand flüssig wird und sich erst wieder verfestigt, wenn es abkühlt.

Jetzt wurde es interessant. Denn diese Schmuckröllchen waren natürlich super, aber durch das Gießverfahren konnte man aus

Kupfer noch viel mehr machen. Vielleicht sogar ein Messer oder ein Beil! Gießen ist einfacher, als Splitter von einem Stein abzuschlagen, und das Ergebnis sieht außerdem noch schöner aus. Aber ein Beil aus Kupfer ist nicht in jeder Hinsicht besser als ein Steinbeil. Kupfer ist nämlich recht weich. Dadurch wird es schnell stumpf und ist leicht zu verbiegen. Eigentlich nicht so praktisch bei einem Beil oder Messer.

Dennoch überwogen die Vorteile. Denn Werkzeuge aus Kupfer ließen sich immer wieder nachschärfen, wodurch sie lange hielten.

Und sie waren wiederverwendbar. Ein kaputtes Steinbeil taugte zu gar nichts mehr. Aber wenn ein Kupferbeil so zerbeult und schartig war, dass sich wirklich nichts mehr damit anfangen ließ, wurde es eingeschmolzen und neu gegossen. Oder man machte etwas ganz anderes daraus. Dazu bedurfte es lediglich einer neuen Gussform.

Vom Kupfer zur Bronze

Währenddessen suchten die Menschen nach Möglichkeiten, das Kupfer zu verbessern. Aber wie macht man das? Es könnte zufällig passiert sein. Kupfererz enthält fast immer auch noch andere Metalle, die mitschmelzen. Diese beeinflussen, wie hart oder weich das Kupfer wird. Wie genau es sich damit verhielt, wusste damals natürlich noch niemand. Bestimmt hat es auch mehrere Mutige gegeben, die herumgetüftelt und alles Mögliche ausprobiert haben. Denn wenn man aus dem einen Gestein Metall schmelzen kann, wieso sollte das dann nicht auch mit anderen Gesteinen möglich sein?

Bestimmt wurde auch sehr viel geflucht, gebrüllt und geschimpft. Nicht jeder Stein enthält Metall, das heißt, nicht jeder Stein ist ein Erz. Das kann man vorab auch nicht immer sehen. Manche Steine explodieren im Feuer, und manchmal wird das Metall, wenn man es dann einmal hatte, nicht genau das getan haben, was man von ihm erwartet hatte. Es konnte sogar sehr gefährlich sein. Arsen zum Beispiel ist ein supergiftiges Metall. Trotzdem war es das allererste, das man mit Kupfer vermischt hat. Denn das stellte sich als das Geheimnis heraus: Kupfer wird härter, wenn man es mit einem anderen Metall mischt.

Schon bald wurde klar, dass Arsen sehr schlecht für die Gesundheit war. Es verursacht Bauchkrämpfe, Zuckungen und Fieber, und man konnte sogar daran sterben. Außerdem ließ sich schwer vorhersagen, wie viel Arsen nun genau in einem Erz steckte, sodass man eigentlich nie wusste, wie das Kupfer am Ende aussehen würde. Also experimentierten die Kupfersucher weiter und suchten nach etwas Besserem. Bis sie schließlich auf die ideale Mischung von Kupfer und Zinn stießen. Ein neues Material war erfunden: Bronze!

Man braucht nicht viel Zinn hinzuzufügen, um Kupfer härter und widerstandsfähiger zu machen. Ein Zehntel oder noch weniger genügt bereits. Und das traf sich gut, denn Zinn ist viel seltener als Kupfer. Bronze wurde so beliebt, dass in den Ländern, in denen Kupfer und Zinn zu finden waren, hauptsächlich Bronzewerkzeuge hergestellt wurden und keine steinernen mehr. In der Türkei beispielsweise und später in Osteuropa und Großbritannien. Aber Kupfer und Zinn findet man nicht überall. Im Gebiet des heutigen Deutschlands, Dänemarks und der heutigen Niederlande zum Beispiel nicht (ob im Harz bereits in der Vorgeschichte Metall gewonnen wurde, ist nicht gesichert). Wie sah es also dort mit Bronze aus?

Handel

Eine Zeit lang blieben die Werkzeuge in diesen Regionen weiterhin aus Stein. Niemand wusste, was Bronze war. Niemand hatte je Bronze gesehen. Aber die Menschen unternahmen schon Reisen. Zu Fuß, in einem Kanu oder im Ochsenkarren. Schließlich begegneten die Menschen ohne Bronze irgendwo Leuten mit Bronze. Und alle, die so ein schön schimmerndes Beil oder so einen glatten, glänzenden Armreif sahen, wollten natürlich auch welche haben!

Damit entstand ein lebhafter Handel mit Bronze, und zwar nicht nur mit fertig hergestellten Gegenständen, sondern auch mit

Bronzeschrott oder den Rohmaterialien Kupfer und Zinn. Manche Menschen wurden dadurch ziemlich reich. Geld gab es immer noch nicht, also zeigte sich ihr Reichtum besonders an den schönen Sachen, die sie besaßen.

Eines der berühmtesten Kupferbeile, die die wir kennen, gehörte einem Mann vor rund 5300 Jahren. Er überquerte die Alpen und die Grenze zwischen dem heutigen Italien und Österreich. Der Mann trug warme Kleidung und Schuhe, genau richtig für eine Wanderung durch den Schnee. Er hatte allerlei Gerätschaften dabei, aber auch Pfeile und einen noch unfertigen Bogen. Den hat er nie vollenden können. Denn während seiner Reise wurde er von hinten niedergeschossen. Die Pfeilspitze aus Feuerstein steckte noch in seiner Schulter, als er nach Jahrtausenden von zwei Wanderern entdeckt wurde. Das war 1991. Keiner kennt natürlich seinen wirklichen Namen. Aber er wurde schon bald Ötzi genannt, nach dem Ötztal, in dem er gestorben war. Warum Ötzi ermordet wurde, ist immer noch ein großes Rätsel. Denn sein schönes, kostbares Beil hatte ihm niemand gestohlen.

Steinbeile wurden schon bald durch solche aus Bronze ersetzt. Aber wie hätten die Menschen dich wahrgenommen, wenn du der Einzige im Dorf gewesen wärst, der einen Bronzedolch besaß? Oder sogar ein Schwert? Vielleicht genauso, wie du jetzt jemanden wahrnimmst, der ein teures Auto besitzt. Du bewunderst das Auto und versuchst dir vorzustellen, wie der Besitzer sich dieses teure Auto leisten kann. Vielleicht hast du großen Respekt vor ihm oder bist sogar neidisch.

So könnte es vor rund 4000 Jahren auch gewesen sein. Die Menschen, die Gegenstände aus Bronze besaßen, kamen zu Ansehen. Oder kamen sie umgekehrt erst deshalb an die Bronzeobjekte, weil sie schon Ansehen besaßen? Hm, das ist eine schwierige Frage. Denn das eine ist ebenso gut möglich wie das andere.

Ein endloser Kreislauf

Aber jetzt zurück zu der Reißzwecke vom Anfang dieses Kapitels. Die besteht zum größten Teil aus Kupfer. Kupfer, das endlos wiederverwendet werden kann, das heißt, es kann immer wieder eingeschmolzen und neu in verschiedene Formen gegossen und gebogen werden. Vielleicht ist das Kupfer in deiner Reißzwecke ja vollkommen neu. Aber es kann auch vor fünfhundert Jahren oder noch längerer Zeit aus der Erde geholt worden sein. Vielleicht war es irgendwann eine Gewehrkugel im Zweiten Weltkrieg. Oder der Schlüssel des Tores einer großen Burg. Metall kann alles Mögliche werden. Und angefangen hat alles mit Bronze.

Der Anfang

Wir schlafen. Jedenfalls denken wir das. Um uns herum ist es dunkel, stockdunkel. Wir sind umgeben von Stein. Hier und da fühlen wir etwas Weiches, das unsere Haut streift. Etwas, das lebt und nach Wasser sucht. Wurzeln sind es, die Wurzeln von Pflanzen und Bäumen. Sie bewegen sich vorsichtig, sie kriechen und streichen mit ihren feinen Härchen an uns entlang. Aber sie suchen nicht nach uns, sondern bewegen sich langsam weiter. Wir bleiben liegen. Wir liegen hier schon so lange. Länger, als die Wurzeln leben. Sie kommen und gehen, vertrocknen und werden Erde, bis andere sich abermals durstig ausstrecken.

Wir sind nicht allein. Wir sind Teil der Erdkruste, kamen einst mit Gewalt aus der Tiefe hinauf und sanken wieder zurück in die Haut der Welt. Wir schlafen und träumen, von tiefer Dunkelheit und einer grellroten Glut, von fast unbeschreiblicher Hitze. Uraltes Feuer, längst vergessen und nichts als eine vage Erinnerung.

Wir schlafen. Wir schliefen. Es geschieht etwas. Etwas, das nicht sein soll, nicht hier, wo die Stille tiefer ist als der tiefste Abgrund, wo die kratzenden Beinchen grabender Käfer das Lauteste sind, was wir je gehört haben. Hitze entsteht und zischender Dampf. Es knackt in der Ferne. Dann bebt die Erde. Und wieder und wieder. Wir beben mit. Und die Geräusche! Dumpfe Schläge ertönen. Sie hallen und kommen immer näher. Um uns herum wackelt die Erde. Gestein zerbirst. Wir sehen es noch nicht, aber

wir fühlen es, es gibt mehr Luft, mehr Licht, weniger Gewicht, das auf uns drückt. Und wir können nichts tun.

Dann knackt es direkt über uns, und es klingt, als ob die Welt vergeht. Blendend helles Licht ergießt sich über uns und vertreibt alles uns Bekannte und Vertraute: das Dunkel, die Steine. Selbst die Tierchen flüchten; das würden wir auch gern, können es aber nicht. Ein Schatten taucht auf und nimmt uns das Licht, und einen Moment lang sind wir erleichtert, wieder im Dunkeln zu liegen. Aber dann geschieht etwas, das wir nie für möglich gehalten hätten.

Wir fühlen Schläge. Einen, zwei, drei, vier. Scharfe Spitzen werden in unseren Leib getrieben, und dann spalten wir uns. Wir werden voneinander und von der Erde getrennt. Wir, geboren aus dem uralten Feuer und seither immer zusammen, fallen in Stücke auseinander. Wenn wir rufen könnten, würden wir das tun. Wo sind wir? Ein Teil von uns wurde uns abgeschlagen. Wer sind wir noch?

Die Wesen, die uns so brutal auseinandergerissen haben, lesen uns auf und sammeln uns in großen Körben. Deren Geflecht fühlt sich auf unserer Haut an wie tote Wurzeln. Wir sind voneinander gelöst, aber doch wieder zusammen. Seite an Seite liegen wir.

Wir hören neue Geräusche. Geräusche, die nicht vom Wetter oder dem Wind herrühren oder den Tieren, die wir kennen. Aus den Mündern der Wesen dringen Klänge, und sie tragen uns weg von dem Ort, an dem sie uns gefunden haben. Wir verstehen sie nicht, aber wir hören gut zu. Wir wollen lernen, wer uns der Erde entrissen hat, in der wir geboren sind. Manche von uns haben Angst vor dem, was kommt. Andere träumen von neuen Orten und Abenteuern. Wir wissen es nicht. Wo werden wir landen? Was wird mit uns geschehen?

Lange Zeit liegen wir in dem dämmrigen Korb, auch wenn „Zeit“ für uns schwer zu beschreiben ist. Denn was ist Zeit, wenn man schon genauso lang existiert wie die Welt selbst? Aber seit wir uns bewegen, statt still in der Erde zu liegen, scheint die Zeit schneller zu verstreichen. Wir schaukeln über der Erde mit den Menschen mit. Sie sind die Wesen, die uns aus dem Boden holten, haben wir mittlerweile gelernt. Menschen. Sie fühlen, wie schwer wir sind. Wir scheuern, ziehen mit unserem ganzen Gewicht an ihren Schultern, lassen sie spüren, dass wir nicht

gehen wollen. Doch sie sind fest entschlossen und hören nicht auf uns.

Plötzlich endet unsere Reise. Wir werden durchgerüttelt, als unser Korb auf dem Boden landet. Wir hören mehr Geräusche um uns herum, Geräusche von Menschen, die erst nicht da waren. Sie klingen froh, sogar aufgeregt, und schon bald klappt der Deckel von unserem Korb auf, und es erscheinen Gesichter mit großen Augen und breiten Mündern, die lachen und fragen. Sie berühren uns mit den Händen, bringen uns nah an ihr Gesicht, betrachten uns genau und lassen uns wieder fallen. Wir zerbröckeln, stauben ein. Kleine Stückchen von uns lösen sich.

Der Korbdeckel schließt sich, und es wird wieder dunkel. In der Nähe werden Sachen herumgeschoben, und zwei Menschen unterhalten sich. Ein Mann und ein Junge. Die Klänge aus ihren Mündern sind Wörter. So viel verstehen wir mittlerweile schon. Und diese Wörter dringen langsam zu uns durch. Wir lauschen gespannt, aber das Einzige, was wir deutlich hören, ist „morgen".

Der Mann und der Junge lassen uns allein, und das Licht, das zuvor noch ein wenig durch die Ritzen des Korbgeflechts zu uns hereinschien, verschwindet langsam. In der Ferne ertönen jetzt andere Geräusche, wie wir sie während unserer Reise schon einmal hörten: Gesang und Musik. Trommeln und Flöten. Es klingt gut.

Wir wünschten, wir könnten es sehen. Wir hören zu, bis auch die letzte Stimme verstummt. „Morgen", wann das wohl ist?

Offenbar ist es Morgen, wenn das Licht zurückkehrt. Denn seit wir allmählich wieder etwas sehen, seit die Sonne wieder vorsichtig durch unser Korbgeflecht hereinlugt, sind der Mann und der Junge zurück. Sie sind geschäftig und reden viel. Wir sehen eine orangegelbe Glut, die uns an die allerersten Tage unseres Daseins erinnert. Ein Feuer brennt hinter uns, und es wird immer wärmer. Wir fühlen es durch den Korb hindurch.

Dann werden wir befreit. Der Deckel geht auf, und der Junge wirft den Korb um, sodass wir auf einen Boden aus harter Erde rollen. Er hebt uns auf und legt uns auf einen hohen, flachen Stein. Manche bleiben auf dem Boden zurück, denn wir passen nicht alle darauf. Wir liegen nebeneinander und warten ab, was der Junge tun wird. Dann lässt er mit einem festen Schlag einen zweiten, schweren Stein auf uns niedersausen.

Wir knacken und brechen, und immer wieder schlägt er, zerstampft er, mahlt er uns. Er fegt uns in ein Gefäß und hebt uns hoch. Leicht wie Staub fühlen wir uns. Würde der Wind jetzt über uns hinwegwehen, er würde uns fortblasen. Aber dazu kommt es nicht. Der Mann ist auch da. Er nimmt das Gefäß von dem Jungen entgegen, streicht mit den Fingern über uns und klopft dem Jungen anschließend auf die Schulter.

Der Mann geht langsam. Als er sich auf den Boden kniet, ist die Hitze des Feuers sehr nahe. Lächelnd schaut er auf uns herab. Dann hält er das Gefäß über das Feuer und streut uns über der Glut aus. Erst spüren wir gar nicht, wie heiß es ist. Wir fallen auf kühle Brocken von schwarz verbranntem Holz, die der Mann gerade erst ins Feuer gelegt hat. Ein Teil von uns fällt tiefer, in die Flammen darunter. Noch mehr schwarze Brocken fallen auf uns, und wieder wird es dunkel.

Die Luft verschwindet langsam, wird verzehrt vom Feuer. Wir beginnen zu schwitzen, zu ersticken. Aber dann gibt es wieder Luft. Kühle Luft, die durch ein schmales Rohr kommt, in Zügen, wie der Atem eines großen Tieres. Schon bald verwandelt sich der kalte Atem in einen heißen Strom. Die Flammen saugen die Luft ein und werden größer, grimmiger. Sie verbrennen uns. Erst wehren wir uns noch. Wir fühlen, dass wir uns verändern, und das wollen wir nicht! Aber dann betäubt uns die Hitze, und wir lassen alles los. Auch uns selbst. Wir scheiden, wir spalten uns. Ein Teil von uns bleibt zurück, während die Übrigen die Nähe zueinander suchen.

Wir glühen noch nach, als wir aus der Glut geschaufelt werden, und zittern, als wir in das Wasserbecken fallen, das man für uns bereitgestellt hat. Es brodelt und braust um uns her, und wir sinken zu Boden. Als eine kleine Hand uns aus dem schwarzen Wasser hebt, wissen wir, dass es gut ist. Der Junge lacht, während wir uns in seinen Augen spiegeln. Wir sind verwandelt. Nicht mehr rau und staubig, sondern rosig glänzend und glatt, wenn auch bizarr geformt. Der Junge legt uns in ein neues Gefäß, das rau und schmal und dickwandig ist. Wir fühlen uns sauber, sauberer denn je. Den Teil von uns, den wir ver-

loren haben, vermissen wir nicht. So wie es jetzt ist, hätte es eigentlich immer sein müssen. So fühlt es sich an. Wir sind zufrieden.

Immer mehr von uns werden auf dieselbe Weise befreit. Unser dickwandiges Gefäß füllt sich, und alle sind wir gleichermaßen schön, gleichermaßen glänzend, als hätten wir das Feuer selbst in uns eingeschlossen. Der Mann und der Junge arbeiten hart. Nach einer Weile reden sie nicht mehr, sondern schuften nur noch.

Wir wissen nicht, wie viel Zeit vergangen ist, als wir endlich wieder aufgehoben werden. Wieder gibt es Hitze, wiederum Feuer, aber diesmal bleiben wir, wo wir sind, zusammen in dem dickwandigen Gefäß. Die Hitze ist noch größer als beim ersten Mal, und wir fühlen, wie wir schmelzen, flüssig werden wie Wasser.

Aber was ist das? Neulinge? Der Junge lässt sie zwischen uns fallen, einen nach dem andern. Sie ähneln uns etwas, in unserem früheren Zustand, aber sie sind kalt und grau. Wir kennen sie nicht und wollen sie auch nicht! Aber es gibt kein Entrinnen. Sie sprechen zu uns mit fremden Stimmen, während sie langsam schmelzen, und es dauert nicht lange, da mischen sie sich mit uns. Wir hängen aneinander fest. Wir sind jetzt eins, und jetzt verstehen wir sie. Sie sagen, sie würden uns stärker und härter machen.

Jetzt glühen wir selbst wie Feuer. Wir sind nicht mehr stumpfgrau oder glänzend rosa. Wir sind grellrot, tieforange, und die Luft über uns zittert. Jemand hebt uns aus dem Feuer. Es ist der Mann. Wir sehen seine große Nase und sein schmales Gesicht über uns. Er schwitzt und hält uns möglichst weit von sich weg. Langsam lässt er uns zu Boden sinken, aber dort kommen wir nicht an. Er kippt das Gefäß, in dem wir liegen, und langsam fließen wir heraus. Wir halten uns gegenseitig aneinander fest. Wir fließen durch ein kleines Loch ins Dunkel, begleitet von heißen Flammen. Dann plötzlich umgibt uns Wasser. Es kühlt uns, und Dampf steigt unter lautem Zischen auf. Wir sind eingesperrt in der Dunkelheit. Bis alles von vorn beginnt. Denn schon bald ertönt wieder ein Hämmern und Brechen, genau wie an dem Tag, als diese Reise begann. Das Licht dringt erst durch Risse und Spalten, aber schon bald blendet es uns. Der Mann schaut und brummt.

„Ein gelungener Guss."

Und wir freuen uns. Nein, nicht „wir". Es gibt kein „Wir" mehr, sondern ein Ich. Ich freue mich.

3

Schimmernde Bronze

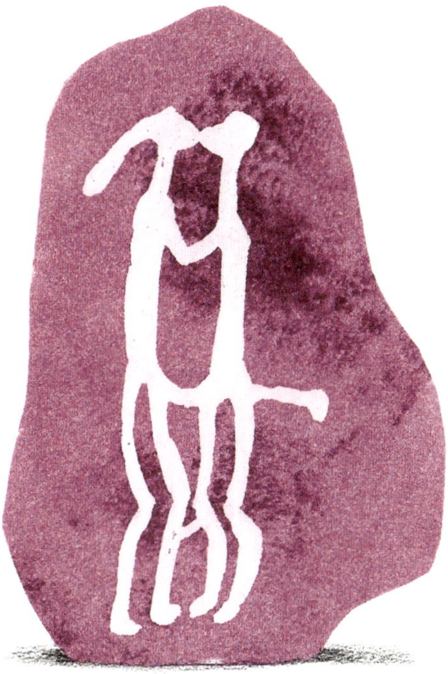

Schmuckstücke waren die ersten Metallgegenstände. Gold gab es auch schon, besonders in Irland und Osteuropa, aber weil das wirklich sehr selten war, wurden die meisten schönen Dinge aus Kupfer gefertigt. Es gab Perlen, Anhänger, Ringe und Armreife aus Kupfer. Und nachdem die Menschen einmal begonnen hatten, Bronze zu gießen, wurden die Schmuckstücke immer schöner und komplizierter. Doch etwas Schönes ist manchmal nicht nur schön.

Das Geheimnis des Schmiedes

Nicht überall in Europa gab es gleich viel Kupfer im Erdboden. Und Zinn war erst recht schwer zu finden. Dennoch wollten alle es haben. Die Kupfer- und Zinnsucher wurden dadurch nicht nur sehr wichtig, sondern bekamen auch immer mehr zu tun. So viel, dass sie keine Zeit mehr hatten, erst in die Minen hinabzusteigen und dann das Kupfer und Zinn aus dem Erz zu schmelzen. Ganz zu schweigen davon, anschließend noch etwas daraus herzustellen. Sie mussten sich also entscheiden. Manche blieben in den Minen. Andere sagten dem Staub und der Dunkelheit Lebewohl und verlegten sich nur noch auf das Schmelzen und Gießen. Sie wurden Bronzeschmiede.

Viele Leute fanden den Weg zu den Bronzeschmieden. Vielleicht tauschten sie anfangs hauptsächlich Dinge für sich selbst. Einen schönen Halsring zum Beispiel. Man konnte immer nur einen zugleich tragen, also brauchte man nicht viele davon. Aber was, wenn immer mehr Leute einen fragten, woher man nur dieses schöne Ding um den Hals hatte? Dann ging man zurück zu der Bronzeschmiedin oder dem Bronzeschmied und tauschte mehr Halsringe ein, die man dann wieder mit den Leuten tauschte, die einen haben wollten. Am liebsten natürlich gegen etwas, das ein wenig mehr wert war als das, was man selbst dafür hergegeben hatte. Der Bronzehandel war geboren!

Vom Tauschen und Täuschen

Wenn der Handel zunimmt, wächst auch die Zahl der Menschen, die daran beteiligt sind. Mit ein wenig Glück hat man eine Nachbarin, die Bronzeschmiedin ist. Aber ist die nächste Bronzeschmiede weit entfernt, ist auch der Weg dorthin entsprechend lang. Und man hat ja noch mehr zu tun! Die Äcker müssen gepflügt und die Kühe gefüttert werden, und das Hausdach braucht auch eine Reparatur. Man hat gar keine Zeit für eine so lange Reise hin und zurück. Also bittet man eine Bekannte, die näher an den Bergen wohnt, ob sie einem nicht ein paar Halsringe besorgen kann. Sie kennt doch jemanden, der unweit der Bronzeschmiede wohnt? Im Tausch dafür gibt man ihr zehn schöne Biberhäute. Die Halsringe sind eigentlich keine zehn Häute wert, aber deine Bekannte macht sich ja deinetwegen auf den Weg. Dafür darf sie eine Haut behalten, genau wie der Nachbar der Bronzeschmiedin, der auch wieder eine Reise unternehmen muss. Wenn alles gut geht, reichen die Häute am Ende genau aus, um die Halsringe zu kaufen.

Je größer die Entfernung zu der Bronzeschmiede ist, desto mehr Menschen müssen sich mit den Bronzegegenständen beschäftigen, die man haben will. Eine lange Kette von Mittelspersonen ist an der Sache beteiligt. Und das bringt auch Schwierigkeiten mit sich. Das Ganze hat in erster Linie mit Vertrauen zu tun. Zuallererst natürlich Vertrauen in die vielen Mittelspersonen. Sind sie ehrlich? Behalten sie nicht heimlich mehr für sich, als vereinbart war? Aber auch die Bronzeschmiedin selbst kann einen betrügen. Sie kann Bronze von schlechter Qualität verwenden. Oder sie gießt etwas weniger Bronze in die Form, als sie eigentlich sollte, sodass die angekaufte Ware ein kaum merkbares bisschen weniger wert ist, als man dafür bezahlt hatte.

Ein fester Wert

Nicht umsonst ist hier ständig von Halsringen die Rede. Das waren natürlich nicht die einzigen Objekte, die aus Bronze hergestellt wurden. Es gab Armreife und Gewandfibeln, Beile, Dolche und Schwerter. Die kommen später in diesem Buch noch zur Sprache. Aber mit den Halsringen hat es etwas Besonderes auf sich.

Die sind nicht nur schön, sondern auch einfach herzustellen. Erst kerbt man eine schmale Rinne in ein Stück Ton oder Stein. Dorthinein gießt man die Bronze, die anschließend zu einem dünnen Stab abkühlt. Durch Hämmern und Biegen erhält man ohne allzu große Mühe einen glatten Reif mit gebogenen Enden.

Als immer mehr Leute Halsringe trugen, wollten auch immer mehr Leute welche haben. Jeder wollte bei der neuesten Mode mitmachen. So wurden sehr viele Halsringe hergestellt, die alle ungefähr gleich aussahen und ungefähr gleich viel wogen. Das war gut, denn dadurch wusste jeder genau, was sie wert waren. Gab es einen Bronzeschmied, der mehr für einen Halsring verlangte als andere, konnte man etwas dagegen einwenden. Bei einer Gewandfibel war das schon komplizierter. Dann musste ganz neu überlegt werden, was sie wert war. Und wenn man auch noch weit entfernt wohnte, wie sollte man dem Goldschmied da klarmachen, wie die gewünschte Fibel aussehen sollte? Eigentlich ziemlich unpraktisch, dieser Tauschhandel.

Aber weil Bronze sich immer weiter über Europa verbreitete, fanden auch immer mehr Menschen heraus, wie sie geschmolzen und bearbeitet werden konnte. Das heißt auch, wie sich etwas Neues daraus machen ließ. Vielleicht gab es so jemanden in der Nähe, oder man wusste inzwischen selbst, wie es ging. Dann konnte man ebenso gut einen Halsring bestellen und den dann zu der allerschönsten Gewandfibel umschmelzen. Mit ein wenig Glück sogar zu zweien. Aber ganz gleich, wie viele Fibeln man anfertigte: Dadurch, dass Gewicht und Aussehen der Halsringe immer in etwa gleich waren, wusste man jedenfalls sicher, dass man für seine Bronze nicht zu viel bezahlte. Die Halsringe wurden zum Standardtauschmittel im Bronzehandel. Also eigentlich zu einer Art Geld!

Ein klarer Fall, denkst du jetzt vielleicht. Keine Münzen, sondern Halsringe als Zahlungsmittel. Damit wissen wir Bescheid, oder? Tja, so einfach liegt die Sache nicht. Denn Bronze war nach wie vor etwas ganz Besonderes. Unweit der Kupferminen vielleicht etwas weniger, denn da kam sie schließlich her. Aber es gab einen lebhaften Handel, auch mit Menschen in weit entfernten Regionen. Und je weiter entfernt von der Quelle etwas ist, desto mehr wird es zu etwas Besonderem. Das galt sicher auch für Bronze.

Aus weiter Ferne

Habt ihr schon einmal Flüsterpost gespielt? Ihr setzt euch mit etwa einem Dutzend anderer in eine Reihe. Ganz am Ende sitzt du. Am Anfang der Reihe flüstert jemand der Person neben sich etwas ins Ohr. Die gibt es flüsternd an die nächste Person weiter, und das setzt sich fort, bis das Gesagte bei dir ankommt. Sagst du dann laut, was du gehört hast, ist das meistens etwas ganz anderes als das, was die erste Person gesagt hat.

So ist es wahrscheinlich auch mit den Halsringen gewesen. In der Nähe der Kupferminen wurden sie als Standardtauschmittel verwendet. Alle wussten, wie das funktionierte, wie ein Halsring auszusehen hatte und was man dafür bekommen konnte. Darüber gab es Vereinbarungen. Genau wie bei den Münzen von heute. Jeder weiß, was ein Euro wert ist, und jeder hält sich daran.

Aber im Gebiet des heutigen Deutschlands war es anders. Die Berge, in denen Halsringe hergestellt wurden, liegen etwa sechshundert Kilometer südlich von Hamburg. Jeder, der dorthin wollte, musste die Strecke zu Fuß zurücklegen oder per Kanu über die Flüsse bewältigen. Es war weit, aber nicht unmöglich. Das berühmte Mädchen von Egtved im heutigen Dänemark machte in den letzten beiden Jahren ihres Lebens eine vergleichbare Reise, und das sogar zweimal!

Dennoch wird die meiste Bronze über Mittelspersonen in den Nordwesten von Kontinentaleuropa gelangt sein. Über 1000 Kilometer war das eine ziemlich lange Kette von Menschen. Diejenigen, die am nächsten an den Kupferminen wohnten, kannten sich mit den Halsringen genau aus. Sie erläuterten die Vereinbarungen der nächsten Mittelsperson. Die erzählte sie weiter, die nächste ebenfalls, diejenige danach auch wieder und so weiter. Eine einzige große Flüsterpost. Du kannst also schon erraten, was am Ende mit diesen Vereinbarungen geschah. Die Menschen in der Nähe der Kupferminen hätten sie wahrscheinlich gar nicht mehr wiedererkannt.

Je weiter entfernt von den Kupferminen die Halsringe auftauchten, desto weniger blieb also von den Vereinbarungen übrig, die die Menschen über sie getroffen hatten. Aber auch die Menge an Halsringen schrumpfte. Denn man konnte seine Mittelspersonen natürlich mit einer schönen Biberhaut bezahlen. Aber noch viel praktischer war es, sie mit der Handelsware selbst zu entlohnen. Man bestellte einfach eine etwas größere Menge als gewünscht. So konnte es passieren, dass von der ursprünglichen Gesamtmenge von zehn Halsringen am Ende nur ein einziger übrig blieb. Der Rest war an die vielen Mittelspersonen gegangen.

Weit weg vom Ort ihrer Entstehung verwandelten sich die Halsringe von etwas Gängigem zu etwas Seltenem und Besonderem. Etwas, das nicht als Geld zu verwenden war. Dafür gab es einfach nicht

Das Mädchen von Egtved wurde 1921 unweit des dänischen Dörfchens Egtved in Jütland entdeckt. Sie lag unter einem riesigen Grabhügel in einem Sarg, der aus dem ausgehöhlten Stamm einer großen Eiche gefertigt worden war. Ins Grab wurden ihr unter anderem ein Haarnetz, ein Kamm aus Tierknochen, eine Ahle aus Bronze und ein Gefäß mit Bier mitgegeben, zusammen mit den verbrannten Knochen eines etwa sechsjährigen Kindes. Von dem Mädchen von Egtved war nicht mehr viel übrig. Ihre Haare, Zähne und Nägel aber gab es noch, genau wie die Kleidung, die sie so berühmt gemacht hat. Sie hatte eine kurze Bluse an, die ihren Bauch frei ließ, und einen knielangen Rock aus gedrehten Wollschnüren. Um die Taille trug sie einen Gürtel mit einer prächtigen, scheibenförmigen Gürtelplatte aus Bronze. Sie lebte um 1370 vor Christus und ist im Sommer gestorben. Auf dem Rand ihres Sarges lag nämlich eine Schafgarbenblüte, und Schafgarbe blüht nur im Sommer. Das Mädchen selbst ist nicht älter als achtzehn Jahre geworden. Durch Laboruntersuchungen ihrer Haare und Zähne haben Wissenschaftler entdeckt, dass sie nicht in Jütland geboren wurde. Auch konnten sie sehen, dass sie in den letzten beiden Jahren ihres Lebens zweimal zwischen Egtved und ihrem Geburtsort hin- und hergereist ist. Vielleicht befand sich dieser Ort im Schwarzwald oder dessen Umgebung, vielleicht aber auch viel weniger weit entfernt in Südnorwegen oder -schweden.

genug davon! Aus den Halsringen wurden wieder Schmuckstücke, und sie waren wertvoll. Vielleicht wertvoller, als sie in der Nähe der Kupferminen je gewesen waren.

Wer spart in der Zeit

Menschen sparen gerne. Auch schon in der Bronzezeit. Wenn man etwas von Wert besitzt und es geht einem gut, will man das vielleicht für später aufheben, wenn es mal weniger gut läuft. Dann ist es ratsam, diese Dinge gut vor Dieben und anderen Bösewichten zu verstecken. Vergraben kann da eine ziemlich gute Idee sein, aber natürlich muss man sich dann die Stelle gut merken.

Ab und zu finden Archäologinnen und Archäologen solche wertvollen Bronzegegenstände. Um die Kupferminen herum versteckten die Menschen manchmal ganze Stapel von Halsringen in einer Grube oder einem Gefäß, oft in oder gleich neben Häusern. Sie hätten leicht wieder ausgegraben werden können. Aber wenn Archäologen die Gruben entdecken, bedeutet das, dass es nie dazu gekommen ist. Vielleicht wurden sie vergessen. Womöglich ist der Besitzerin etwas zugestoßen, bevor sie jemandem sagen konnte, wo sie ihre Halsringe versteckt hatte. Es gibt viele Gründe, weshalb sie in ihrem Versteck liegen geblieben sind.

Aber wertvolle Gegenstände wurden nicht nur unweit des Hauses begraben. Eigentlich war das sogar eher selten der Fall. Sie landeten in einem Sumpf, einem Moortümpel oder einem Fluss, weit weg von Häusern und Höfen. Und immer an einem Ort, der etwas mit Wasser zu tun hatte. Das ist doch sehr merkwürdig. Vielleicht dachten die Leute, besonders schlau zu sein, indem sie ihre Sachen irgendwo verstecken, wo niemand an sie herankommt. Aber wie wollen sie das dann später selbst einmal machen? Erstens müssen sie ihre geheimen Stellen nach wer weiß wie viel Zeit wiederfinden, und zweitens, wie gräbt man etwas aus einem Sumpf aus? Von einem Fluss ganz zu schweigen.

Es hat etwas auf sich mit diesen versenkten Schätzen. Archäologen nennen sie Niederlegungen oder sprechen auch von Depotfunden. Das Wort „Depot“ kommt von „deponieren“, was so viel heißt wie niederlegen oder an einen bestimmten Platz legen. Aber es kann auch bedeuten, dass man etwas irgendwo in Verwahrung gibt oder hinterlegt. „Depotfund“ und „Niederlegung“ sind vielleicht nicht die einfachsten Wörter, aber weil alle Archäologen und Wissenschaftlerinnen sie verwenden, tue ich es in diesem Buch auch.

Solche Depotfunde stammen nicht nur aus der Bronzezeit. Schon früher, als Stein das wichtigste Material zur Herstellung von Werkzeugen war, wurden Steinbeile in Sümpfen zurückgelassen. Meistens waren sie aus einem Stein gemacht, der von ganz weit weg stammte. Dieser Stein war stärker, glatter oder von ganz anderer Farbe als das, was sich in der Nähe finden ließ. Gerade die größten und schönsten Beile landeten im Wasser. Überall in Europa und auch außerhalb taten Menschen das.

Und damit sind wir bei dem großen Geheimnis der Bronzezeit. Warum ließen Menschen ihre wertvollsten Besitztümer einfach so irgendwo zurück? Ich will ehrlich sein: Um die Frage mit hundertprozentiger Sicherheit beantworten zu können, bräuchten wir doch eine Zeitmaschine. Und solange die nicht entwickelt ist, müssen wir mit dem auskommen, was wir haben. Den Niederlegungen selbst. Den versenkten Schätzen.

Mehr als nur schön

Schmuckstücke erzählen etwas über deinen persönlichen Geschmack und deine Herkunft. Warum trägst du zum Beispiel indische Ohrringe oder dieses kleine silberne Kreuz um den Hals? Natürlich, weil sie dir gefallen. Womöglich hast du die Ohrringe als Souvenir von einer Urlaubsreise mitgebracht. Also trägst du sie, damit die Leute wissen, dass du dort gewesen bist, und um ab und zu noch einmal an diesen schönen Urlaub zurückzudenken. Es kann auch sein, dass deine Familie aus Indien stammt und du die Ohrringe trägst, um zu zeigen, dass du auch dazugehörst. Das kleine Kreuz ist vielleicht ein Erbstück deiner Großmutter, das du als Erinnerung an sie trägst, und damit du ihre Geschichte erzählen kannst, wenn dich Menschen danach fragen. Aber es kann auch ein äußerliches Symbol deines Glaubens sein. Selbst billige bunte Armbänder sagen etwas über dich aus, und sei es nur, dass du gern der neuesten Mode folgst.

Das war in der Bronzezeit nicht anders. Schmuckstücke sollten Aufmerksamkeit wecken. Sie erzählten etwas über eine Person und darüber, was ihr gefiel. Und das sollten die anderen auch wissen. Aber darüber hinaus scheint es, als hätte man mit Schmuckstücken – und wahrscheinlich auch mit seiner Kleidung – zeigen können, wie groß die eigene Welt war.

In bestimmten Teilen Europas war es üblich, Kleidung und Schmuck einer bestimmten Art zu tragen. Das wissen wir insbesondere aus Gräbern. Manchmal sind die Menschen, die in diesen Gräbern liegen, sehr gut erhalten, besonders wenn der Boden feucht ist und Sauerstoff sie nicht gut erreichen konnte. Ganz vereinzelt gibt es dann sogar noch Reste von Kleidung. Aber meistens müssen wir uns mit den Schmuckstücken, Nadeln und Schnallen zufriedengeben, die die Menschen trugen, als sie in ihr Grab gelegt wurden. Die zersetzen sich weniger schnell.

Die Schmuckstücke zeigen die Mode der damaligen Zeit. In Nordeuropa trugen Frauen zum Beispiel gern große Bronzeplatten an ihren Gürteln. In Zentraleuropa waren Radnadeln beliebt. Das waren dicke Bronzenadeln, mit denen die Mäntel zusammengesteckt wurden und deren Kopf wie ein Rad mit Speichen aussah. In Südeuropa trugen die Leute speziell verzierte goldene Armreife. Und so gab es noch viel mehr Schmuckstücke, die verraten, wo sie angefertigt worden waren.

Aber ab und zu geschah etwas Seltsames. Denn was tut eine Radnadel aus dem Osten in einem Fluss im Süden? Und wie kommt dieser südliche Armreif in jenen Sumpf im Norden?

Tja, natürlich durch den Handel, denkst du jetzt vielleicht. Und das stimmt. Jeder wollte reich werden, auch in der Bronzezeit, also versuchten alle, möglichst viel Bronze anzuhäufen. Doch das ist noch nicht alles. Mit diesen fremden Schmuckstücken konnten Frauen und Männer zeigen, dass sie Menschen kannten, die weit entfernt wohnten, und dass sie wussten, wie diese Menschen lebten. Aus jeder Region, mit der sie Kontakt hatten, suchten sie sich etwas von dem Outfit dieser Leute aus. Damit alle sahen, wie wichtig sie waren. Sie waren Spinnen in einem weltweiten Netz. Oder zumindest wollten sie andere das gern glauben lassen. Und genau das könnte der Grund gewesen sein, so etwas Wertvolles dem Erdboden anzuvertrauen.

Ein nasser Ort

Angenommen, du glaubst, in diesen nebligen, mysteriösen Sümpfen oder in dem schnell dahinfließenden Wasser des Flusses würden Götter wohnen. Und es gibt etwas, was du dir sehr stark wünschst. Mehr als alles andere in der Welt. Dass das nette Nachbarmädchen zum Beispiel endlich Notiz von dir nimmt. Dass die kranken Kühe aus deiner Herde gesund werden oder dass die Ernte gut wird. Dann kann man den Göttern doch nicht bloß mit einem Stück Brot oder einem gewöhnlichen Kochtopf ankommen! Wenn du dir also so etwas Wichtiges wünschst, musst du auch etwas Wichtiges dafür hergeben. Etwas, das du eigentlich gar nicht hergeben möchtest, so wie die schöne Radnadel, durch die jeder sehen kann, wie wichtig und bedeutend du bist ... Die – und vielleicht auch noch andere schöne Gaben zusätzlich – opferst du, damit Wirklichkeit wird, was du dir herbeisehnst. Alles, um die Götter dazu zu bringen, dir zu helfen.

Vielleicht glaubst du auch gar nicht an Götter im Wasser, sondern möchtest etwas verbergen. Vielleicht hast du einen sehr großen Fehler begangen, oder etwas anderes ist passiert, wodurch du ein Schmuckstück nicht mehr tragen willst. Denken wir an einen Trauring. Alle – auch Leute, die du nicht kennst – können daran sehen, dass du verheiratet bist. Wenn du dich scheiden lässt, legst du ihn ab. Du möchtest nicht, dass die Leute immer noch denken, du wärst jemandes Mann oder Frau. Aber wegwerfen wirst du ihn auch nicht, dafür ist es ein zu persönliches Stück. Immerhin ist er sehr lange ein Teil deines Lebens gewesen.

Bei einer Radnadel muss es ähnlich gewesen sein. Im heutigen Hessen, südlichen Thüringen und östlichen Niedersachsen – wo diese Nadeln oft in Frauengräbern gefunden wurden – war es vielleicht anders. Aber je weiter westlich, desto mehr fiel ein derartiges Schmuckstück auf. Wer dann eines sah, wusste sofort etwas über dessen Trägerin. Zum Beispiel dass sie Menschen in entlegenen Regionen kannte. Dass sie reich war. Vielleicht sogar dass sie mit einem Händler aus dem Osten verheiratet war. Es kann auch gut sein, dass es weit und breit nur diese eine Radnadel gab. Alle würden sie sofort erkennen. Wenn du eine Radnadel hattest, wussten die Leute, wer du warst. Und wenn du das alles nicht mehr wolltest, gab es nur eine Lösung: Die Radnadel musste verschwinden.

Nichts leichter als das, möchte man meinen. Aber genau wie bei einem Trauring kann man eine Radnadel eigentlich nicht einfach so einschmelzen, wegwerfen oder verschenken. Sie ist zu persönlich. Es fühlt sich nicht gut an. Das Einzige, was dann noch bleibt, ist, sie zu verstecken. Irgendwo weit weg. An einem Ort, wohin kein Menschenauge blickt und keines Menschen Stimme ertönt. Was ist dann der beste Ort? Genau. Unter Wasser. Da ist es dunkel und still. Da ist deine Radnadel sicher.

Mare

„Ich wünschte, ich bräuchte es nicht. Wirklich, glaub mir!“

Sie rollt mich zwischen ihren Fingern hin und her. Die Welt kreiselt, und ich sehe nichts als helle und dunkle Streifen. Erst als sie aufhört, erkenne ich wieder ihr Gesicht. Es ist freundlich und rund, mit großen braunen Augen. Heute sehe ich Trauer darin, aber auch Bedauern und Sorgen. Sie wirkt ruhig. Sie sitzt mit dem Rücken an einen alten Baum gelehnt da, aber entspannt ist sie nicht, sondern wachsam. Ihr Blick schießt die ganze Zeit von links nach rechts. Sie ist auf der Flucht. Womöglich wird sie verfolgt, sie weiß es nicht. Auf der Hut zu sein kann nie schaden. Und sie wartet auf jemand. Jemand, der schon hier hätte sein müssen.

Mare, so heißt das Mädchen, das mich in Händen hält. Sie ist vierzehn. Ich bin noch nicht so lange bei ihr, erst ein paar Sommer. Aber seit dem Augenblick, als sie mich bekam, ziere ich jeden Tag ihre Schulter. Jeden Morgen sticht sie mich durch den weichen Stoff ihres Mantels. Im Sommer, wenn es warm ist und sie keinen Mantel braucht, trägt sie mich im Haar, in einem dicken Zopf oder Knoten. Ich weiß nicht, ob ich dafür gedacht bin, aber Mare ist eigensinnig. Sie tut, was sie will.

Stumm streicht Mare mir über den Kopf. Ich habe einen Kopf, der aussieht wie ein Rad mit Speichen, aber man kann auch die Sonne darin sehen. Vielleicht ist die Sonne ja auch ein Rad; ein Rad, das sich am Himmel dreht. Deshalb sehe ich so aus, und deshalb bin ich auch aus warm schimmernder Bronze. Ich fange das Sonnenlicht ein, damit es sich in den Augen von jedem widerspiegelt, der mich betrachtet. Dafür bin ich gemacht. Um gesehen zu werden. Aber genau das möchte Mare jetzt nicht mehr. Sie möchte unsichtbar sein. Das geht nicht, solange sie mich hat. Ich falle zu sehr auf.

„Vielleicht kann ich dich umschmelzen", sagt Mare plötzlich, und ein Zittern durchzieht mich, das nur ich spüren kann. Sie hat recht! So könnte ich doch bei ihr bleiben! Ich kann alles werden, alles, was sie nur will. Eine Ahle. Ein Messer. Oder ein Armreif. Sie hat bereits zwei, einen am Handgelenk und einen um den Oberarm, aber einer mehr geht immer.

„Nein", sagt Mare dann. „Nein, das ist Unsinn. Ich weiß, wie ein Bronzeschmied arbeitet. Ich habe weder Esse noch Blasebalg. Und was sollte ich aus dir machen? Woher nehme ich so schnell eine Gussform?"

Ich bin enttäuscht. Es ist mir gleich, zu was sie mich macht, und wenn sie mich in ein Erdloch gießt und ich ein Klümpchen Bronze werde. Aber ich kann nichts tun, um Mare auf andere Gedanken zu bringen. Sie hat recht. Ich schmelze nur in einem sehr heißen Feuer. Das bekäme sie nicht zustande. Und könnte ich wirklich etwas anderes sein? Wohl eher nicht, wenn ich ehrlich bin. Ich wüsste nicht, wie das gehen sollte.

„Du bist, was du bist", sagt Mare, als hätte sie mich gehört. „Egal welche Form du hast, in deinem Innern wirst

du immer meine Nadel bleiben. Ja, ich weiß es. Ich weiß, was ich tun muss."

Mares Mantel hängt ihr locker um die Schultern. Rotes und gelbes Herbstlaub umwirbelt sie, aber kalt ist es nicht. Ihre Bluse ist aus leichtem Leinen, genau wie ihr Rock. Ihre Winterkleidung steckt in dem Rucksack, den sie neben sich abgestellt hat. Sie hat Essen und Trinkwasser mit. Ihr Steinmesser hängt an ihrem Gürtel. Sie weiß, wie sie es gebrauchen muss.

Ich war jedes Mal dabei, wenn sie mit einem Stock zum Üben gegen einen Baum antrat. Ein Baum ist natürlich kein Kämpfer, der sich wehrt, aber sie weiß, wohin sie stechen muss. Das hat sie von ihrem Bruder gelernt. Ihrem Bruder, der Schwertkämpfer werden will. Er hat sogar schon ein Schwert, ein echtes aus Bronze. Natürlich lässt er Mare nicht einmal in dessen Nähe. Aber ein Schwertkämpfer muss trainieren. Keiner kann ganz von selbst richtig gut sein.

Jeden Tag kämpft er. Er hat drei Lehrer, die ihn abwechselnd unterrichten. Und bei diesen Lektionen war Mare nie weit. Gestern sah sie ihren Bruder zum letzten Mal. Sie beobachtete ihn, hörte zu und merkte sich alles. Später, bei ihrem Baum, probierte sie mit ihrem Stock aus, was sie gesehen hatte. Es wird anders sein, wenn demnächst wirklich jemand vor ihr steht. Aber sie glaubt an sich. Und auch ich glaube an sie.

Mare legt mich seufzend neben sich und beginnt,

ihre Armreifen abzulegen. Der an ihrem Oberarm löst sich leicht, aber den anderen bekommt sie nicht über ihr Handgelenk geschoben.

„Au“, sagt sie und reibt sich über den Handrücken, der rot und ein wenig aufgeschürft ist.

„Dann kommt der eben später dran.“

Ich war schon immer eifersüchtig auf die Armreife. Mich steckte Mare jeden Abend wieder ab. Sie bewahrte mich in einem Kästchen neben ihrem Schlafplatz auf. Ich fühlte sie immer nur sehr kurz, wenn sie mich in die Hand nahm. Die restliche Zeit waren wir durch den Stoff ihrer Kleidung oder ihr dickes dunkles Haar voneinander getrennt. Die Armreife dagegen trug sie Tag und Nacht auf der Haut. Ob die sie dadurch besser kennen? Ich hoffe nicht.

Einer von ihnen liegt jetzt nahe bei mir. Einen Moment denke ich, er versucht, mir etwas zu sagen. Ich spüre einen Schauder, höre ein Flüstern. Kennen wir uns? Von vor langer Zeit, als wir noch unter der Erde schliefen? Möglich wäre es. Aber wir kamen von überall her. Das wäre schon ein sehr großer Zufall.

Ein trockenes Blatt fällt über mich, und Mare nimmt es sorgsam weg.

„Ich wusste nicht, dass es mir so schwerfallen würde“, sagt sie leise.

Ich wusste es schon. Mare hatte eine Zukunft; eine Zukunft, deren Bestandteil auch ich war. Jetzt will sie diese Zukunft nicht mehr. Aber ihr war klar gewesen, woran sie war, ob es ihr nun gefiel oder nicht. Loslassen ist dann nicht leicht. Denn einen Weg zurück gibt es nicht mehr. Nie mehr.

Mare ist fortgelaufen. So wie ihr Bruder ein Schwertkämpfer werden soll, soll Mare eine gute Frau werden. Darum hat sie mich. Sie erhielt mich aus der Hand eines Fremden, eines Besuchers. Er war ein hübscher Mann, fand Mare, als sie ihn sah, dunkel, stattlich und freundlich. Er kam von weit her, aus dem Osten, und hatte lange mit Mares Eltern gesprochen; worüber, wusste sie nicht. Als er ihr mich in die Hand drückte, hatte er ein warmes Lächeln auf dem Gesicht.

„Nimm das hier als ein Versprechen", hatte er gesagt. „Bis bald, Mare."

Sie hatte sich über mich gefreut. Es wäre nicht schlimm, den Mann noch einmal zu treffen, um eine weite Reise in ein fremdes Land zu machen. Sie dachte mit Freude daran. Und andere Menschen beneideten sie. Denn alle konnten sehen, dass Mare diesen Fremden kennengelernt und er sie ausgewählt hatte, dieses Geschenk von ihm zu erhalten. Sie hatte sich nichts weiter dabei gedacht, und ihre Eltern hatten ihr nichts erzählt. Bis letzten Sommer.

Mares Mutter rief sie zu sich, und schon der Blick in ihren Augen verriet Mare, dass irgendetwas war.

„Liebes, weißt du noch, wer der Mann ist, von dem du die schöne Nadel bekommen hast?"

Ja, das wusste Mare noch.

„Er möchte gern, dass du zu ihm kommst", sagte Mares Mutter.

Erst war Mare aufgeregt. Es war so weit! Sie ging auf die Reise!

„Und ...", fuhr ihre Mutter fort, „... er möchte, dass du dann dortbleibst."

Im ersten Moment wusste Mare nichts zu sagen.

„Bleiben?", fragte sie dann. „Für wie lange?"

„Für immer", sagte ihre Mutter. „Er möchte dich zur Frau haben. Und wir sind froh, dass er das will. Das solltest du auch sein."

„Ich ...", begann Mare. Ihr Herz klopfte wie wild, ich spürte es sogar durch ihre Kleidung. Sie wusste nicht, was sie denken, geschweige denn sagen sollte.

„Wenn ihr euch freut, tue ich es auch", brachte sie schließlich hervor, und Mares Mutter lächelte, auch wenn ihr Lächeln eher traurig wirkte.

Das alles weiß ich, denn ich war dabei. Ich kenne Mare, denn sie trägt mich schon lange genug. Ich weiß, was sie denkt und fühlt. Ab und zu redet sie auch mit mir. Aber nach diesem Gespräch zog sie mich aus ihrem Zopf und warf mich auf den Boden. Eine Zeit lang ging sie wütend hin und her, aber zuletzt hob sie mich wieder auf. Sie wischte mich an sich ab und schaute auf mich herunter.

„Ich will keinen Mann", sagte sie leise.

Auch das wusste ich längst. Für sie war ich ein Versprechen, das ein Abenteuer verhieß und keine Hochzeit. Junge Männer hatte es schon gegeben. Junge Männer, denen sie gefiel und die sie mochten. Sie redete und lachte mit ihnen. Aber wenn sie sie an einen abgelegenen Ort mitnahmen, wenn sie sie anfassen oder küssen wollten, antwortete sie mit Schlägen oder lachte ihnen schallend ins Gesicht. Es gibt nur eine, mit der sie solche Dinge tun will, und das ist Lota.

„Wo sie nur bleibt?", murmelt Mare.

Hier bei der alten Erle am Fluss haben sie sich verabredet. Auch Lota will weglaufen.

„Zusammen", hatte Mare an einem der Abende gesagt, als sie sich heimlich trafen. „Lass uns zusammen gehen."

Sie zeigte auf mich.

„Hier. Wir haben Bronze. Wir sind reich. Wir können überallhin, wohin wir nur wollen."

„Von wegen", sagte Lota.

Lota hatte die Stirn gerunzelt. Wie immer, wenn sie nachdachte.

„Alle wüssten gleich, wer du bist. Was glaubst du, wie viele Menschen hier mit so einer Nadel herumlaufen? Nicht einer. Deine Armreifen ... Ja, vielleicht können die mit. Das ginge, wenn wir sie gut verstecken. Aber wohin wollen wir gehen? Und was tun wir, um zu überleben?"

In Mares Augen standen Tränen.

„Was sonst sollen wir tun?", fragte sie. „Ich will diesen Mann nicht heiraten! Ich will dich nicht verlieren. Ich will nicht so weit weg von dir sein."

„Ich auch nicht von dir", sagte Lota leise.

In der Zeit danach schmiedete Mare einen Plan, und zuletzt willigte Lota doch ein.

Lota ist gut im Bogenschießen. Sie werden von der Jagd leben. Sie wollen an die Küste, wo nur wenige Menschen wohnen und wo sie sich eine Hütte bauen und diese eine Zeit lang bewohnen können. Danach suchen sie jemanden mit einem Schiff, der sie im Tausch gegen die Armreifen zu der großen Insel im Westen bringen will, der Insel, von der zwar jeder gehört, die aber noch nie jemand gesehen hat. Dort ist das Leben besser. So muss es sein.

Weiter reicht ihr Plan nicht, und ich mache mir Sorgen.

Zweige knacken, Blätter rascheln. Mare erschrickt und schaut sich um. Ist es Lota? Mare steht auf, sehr auf der Hut und bereit davonzulaufen, falls sie es nicht ist. Würde sie mich einfach so zurücklassen, sodass jemand anderer mich finden und mitnehmen kann? Ich mag es fast nicht glauben. Nicht nach allem, was wir zusammen erlebt haben. Ich darf gar nicht daran denken, an die Schulter von jemand anderem gesteckt zu werden.

Das Rascheln kommt näher. Aus dem Unterholz tritt ein Reh, aber das Tier flüchtet sofort, als es Mare erblickt. Mare atmet hörbar aus und lässt sich wieder zu Boden fallen. Aber etwas hat sich verändert. Sie kann nicht mehr länger still dasitzen. Immer wieder hört sie etwas, springt auf und setzt sich wieder hin. Sie geht auf und ab und späht zwischen den Bäumen hindurch. Der Abend senkt sich herab, und schnell wird es kälter. Lota ist immer noch nicht da.

„Lota, ach Lota", murmelt Mare. „Wo bleibst du nur? Wo bist du?"

Bald ist es zu dunkel, um heute noch aufzubrechen. Wenn Mare hier die Nacht verbringt, wird ihre Familie sie finden.

Sehr weit ist sie noch nicht von zu Hause entfernt. Es ist ein Wunder, dass sie noch nicht hier sind, um sie an den Haaren zurück ins Haus zu zerren. Das weiß sie sehr gut.

„Nun denn", sagt sie. „Erst einmal dies."

Sie nimmt den einen Armreif und steckt ihn ein, lässt ihn in ihrer Kleidung verschwinden. Dann geht sie mit mir in der Hand ans Flussufer. Sie zieht ihren Rock hoch und sinkt im Schlamm auf die Knie. Sie räuspert sich.

„Götter des Wassers", hebt sie an. „Götter von Wind und Erde. Hier bin ich. Mare, Lenas Tochter. Nehmt dieses Bronzeopfer, nehmt diesen Teil von mir entgegen. Ich gebe euch das Leben, das ich nicht führen werde. Behaltet es, und nehmt es mit. Helft mir. Ich flehe euch an."

Mare hält mich zwischen ihren Fingern, so wie zuvor, und dreht mich einmal. Dann seufzt sie.

„Für kurze Zeit war ich außergewöhnlich", sagt sie. „Mit dir war ich für kurze Zeit etwas Besonderes, auch wenn ich es falsch verstanden hatte. Ich will zwar auf Reisen. Aber nicht zu ihm. Nicht für immer. Das kann ich nicht. Das verstehst du doch?"

Natürlich verstehe ich es. Ich hoffe, dass sie glücklich wird. Es gibt nichts, was ich lieber möchte. Mare hat gut für mich gesorgt. Durch sie war auch ich für kurze Zeit etwas Besonderes. Dort, wo ich herkomme, war ich das nicht. Da gab es viele wie mich.

Mare schließt für einen Moment die Augen.

„Lasst das hier die richtige Entscheidung sein“, murmelt sie. „Bitte, lasst es so sein.“

Sie öffnet die Augen wieder und lässt mich ins Wasser hinab. Ich wünschte, ich wäre nicht allein. Ich wünschte, Mare würde auch ihre Armreife ins Wasser legen. Aber ich verstehe es. Ich bin genau wie sie ein Schmuckstück aus Bronze – und auch wieder nicht. Die Armreife fallen hier nicht so auf, weil mehr Menschen sie tragen. Sie werden Mares Reise auf die Insel bezahlen. Aber ich bin anders. Ich verrate eine Verbindung zu einem fernen, fremden Land. Ich muss verschwinden, weil Mare das Leben, für das ich stehe, nicht mehr will. Sie will ihm entrinnen, gemeinsam mit Lota.

Unter Wasser steckt Mare mich tief in den Grund und drückt mich dann flach auf die Seite. Noch ruhen ihre Finger auf mir, aber dann sind sie plötzlich weg. Sofort ist es kälter, und ich sehe nur noch aufwirbelnden Sand.

„Lota?“, höre ich Mare noch fragen. Sie klingt sehr weit weg, gedämpft durch das Wasser zwischen uns, wie flach es auch ist. Danach höre ich nichts mehr. Stille.

Ab und zu schwimmt ein Frosch vorbei. Manchmal kommt ein Fisch und schaut, was ich bin. Und ich frage mich, wie es Mare wohl jetzt geht. War es wirklich Lota, die sie ankommen sah? Oder war es sonst jemand? Ich wünschte, ich wüsste es. Aber ich weiß es nicht und werde es auch nie wissen.

4

Unverzichtbare Bronze

In den Regionen, deren Böden weder Kupfer noch Zinn enthielten, blieb Bronze noch lange eine Seltenheit. Viele Gerätschaften wie Messer, Pfeilspitzen und Sicheln wurden nach wie vor aus Stein oder Feuerstein gefertigt. Ganz anders das Beil. Das Bronzebeil eroberte schon bald ganz Europa.

Beilformen

Bronzebeile kamen aus allen Gegenden, in denen es Kupferminen gab, sei es über Land oder Meer. Der Handel wuchs rasch, und nach einiger Zeit gab es ziemlich viele davon. Genau wie die Halsringe wurden sie zum Standardtauschmittel. Diesmal nicht nur in der Nähe der Kupferminen, sondern überall. Wer Bronze haben wollte, bestellte sie in Form eines Beiles. Man könnte Bronzebeile also mit Goldbarren vergleichen. Die sind alle gleich schwer, haben ungefähr die gleiche Form und bestehen alle aus der gleichen Metalllegierung. Wie viel so ein Goldbarren wert ist und wie viel Gold in ihm steckt, ist bekannt.

Aber im Unterschied zu einem Goldbarren ist ein Beil auch ein Werkzeug, das man benutzen kann. Entsprechend bemühten sich die Bronzeschmiede, gute und schöne Beile herzustellen. Ein Bronzeschmied aus den Alpen machte das ein klein wenig anders als beispielsweise ein Bronzeschmied aus Spanien oder Irland. Deren Beile waren schmaler oder breiter, oder sie hatten typische Verzierungen. Dadurch konnten alle sehen, woher ein Beil stammte. Genau wie man bei einem Paar Sneakers sofort die Marke erkennt.

Und jetzt stell dir vor, du lebst in der Bronzezeit und hast dich entschieden, dir ein Bronzebeil zuzulegen. Du bestellst es bei einem dir bekannten Händler im Tausch gegen eines der schönsten Schafe aus deiner Herde. Du wartest und wartest, dann wartest du noch etwas länger, aber eines Tages ist es endlich so weit. Nach viel Hin und Her hast du es endlich: dein eigenes Bronzebeil. Was wirst du damit machen? Du hast zwei Möglichkeiten. Die erste ist natürlich, es zu gebrauchen. Du schärfst es zunächst, und dann braucht es noch einen Stiel. Den musst du selbst herstellen. Aber im Prinzip hast du ein prima Beil, direkt vom Bronzeschmied.

Die zweite Möglichkeit ist, das Beil umzuschmelzen, wie man es mit einem Goldbarren tun würde. Du hast deine Bronze, und jetzt machst du etwas anderes daraus. Das kann alles Mögliche sein. Ein Dolch, ein Armreif oder eine Gewandfibel zum Beispiel. Oder ein neues Beil, und zwar eins, das haargenau deinen Vorstellungen entspricht. Das erscheint vielleicht etwas sonderbar. Du hast Bronze in Form eines Beiles, und dann machst du abermals ein Beil daraus! Aber das geschah sehr häufig. In unterschiedlichen Teilen Europas gefielen den Menschen nun einmal unterschiedliche Arten von Beilen.

Gute Beile, schlechte Beile

Der Bronzehandel verlief über ein Netzwerk von Wegen. Auf denen fuhren keine Autos. Die Menschen gingen auf diesen Wegen zu Fuß, mit Taschen voller Bronze auf dem Rücken. Ihnen entgegen kamen Menschen mit den Tauschmitteln, beispielsweise Wolle, Pelze oder Bernstein. Es gab Knotenpunkte, an denen die Handelswege zusammenliefen. An diesen Knotenpunkten zweigten Wege in verschiedene Richtungen ab, aber es gab auch Orte, an denen man sich ausruhen konnte oder seine Ladung einer anderen Person übergab, die damit weiterzog.

Neben einem eigenen Stil besaßen fast alle Beile Verzierungen, eine Art Marke eigentlich, an denen ihre Herkunft abzulesen war. Aber manchmal zählen auch typisch niederländische Beile mit französischen Marken zu den archäologischen Funden. Oder typisch französische Beile mit Marken, die eigentlich nur in England verwendet wurden. Menschen, die ihre Beile umschmolzen, übernahmen also die Verzierungen des ursprünglichen Beiles! Um das

Bronzebeile haben nicht immer gleich ausgesehen. Die ältesten Beile (Flachbeile) waren flach und unregelmäßig. Das kommt daher, dass die Gussform, mit der sie hergestellt wurden – meist ein Steinblock –, oben offen war. Später verwendeten die Bronzeschmiede geschlossene Gussformen aus zwei Hälften, wodurch die Beile schön symmetrisch wurden. Der Schaft oder Stiel eines Beiles bestand aus einem Ast mit einem kurzen, gespaltenen Seitenast, in den das Beil geschoben wurde. Danach wurde es mit Seil umwickelt. Die Bronzeschmiede erfanden immer schlauere Dinge, um Beile an ihrem Schaft zu befestigen. Erst versahen sie die seitlichen Ränder mit Leisten (Randleistenbeile), später kam noch ein Absatz zwischen Klinge und Schaftansatz hinzu (Absatzbeil). So ließ sich der Bronzeteil besser am Schaftholz befestigen. Eine Öse unten am Beil sorgte dafür, dass man ihn noch besser festbinden konnte. Die Randleisten der Absatzbeile wurden immer größer, bis sie schließlich wie zwei zueinander gebogene Lappen aussahen (Lappenbeil). Doch es ging noch besser. Der letzte Schritt bestand darin, die Beile hinten hohl zu machen (Tüllenbeil). Eine praktische Erfindung, denn schlug man mit einem solchen Beil auf etwas ein, schob es sich nur noch fester auf den Schaft. Die Öse blieb. Und das Witzige ist, dass die Lappen der Lappenbeile noch sehr lange im Design der Tüllenbeile weiterlebten. Einfach zur Zierde.

hinzubekommen, kerbten sie diese in ihre eigene Gussform. Dabei fällt jedoch auf, dass niederländische Beile nie mit Verzierungen aus beispielsweise dem heutigen Tschechien versehen waren, obgleich dort ab und zu tschechische Beile gefunden werden.

Das Werkzeug Nummer eins

Ein Beil war eines der wichtigsten Werkzeuge. Die Menschen bauten mit Holz. Jedes Haus hatte ein Skelett aus Dutzenden dicker Pfähle, wozu eine beträchtliche Menge an Bäumen gefällt werden musste. Und auch für Kanus brauchte man Bäume. Angesichts der vielen Flüsse war ein Kanu das beste Transportmittel, das es gab. Sie wurden aus großen ausgehöhlten Baumstämmen hergestellt. Ohne Beil eine ziemlich schwierige Sache!

In der Bronzezeit baute jeder sein Haus selbst – natürlich mit einiger Hilfe von Nachbarn und Verwandten. Jedes Mal, wenn man sich darin umschaute, erinnerte man sich, was es alles dazu gebraucht hatte. Wie viel Mühe es gekostet hatte, sämtliche Bäume an der Stelle zu roden, an der jetzt das eigene Haus steht. Wie schwer es war, die Stämme von den Ästen zu befreien und die raue Rinde zu entfernen, damit aus den Bäumen die glatten Pfähle wurden, auf denen jetzt das eigene Dach ruht. Man fühlte noch den Schweiß auf dem Rücken. Man war stolz auf sein Haus. Und auf das Werkzeug, womit man es gebaut hat.

Vielleicht wurden Steinbeile deshalb so schnell durch Bronzebeile ersetzt. Weil ein Beil so ein wichtiges Werkzeug war. Und wer einmal ein Bronzebeil besaß, sorgte auch dafür, dass alle wussten, zu wem und in welche Familie es gehörte. Ob man es nun unverändert ließ oder umschmolz und sein eigenes Beil daraus herstellte. Neben den Markierungen, die man übernahm, verzierte man es mit eigenen Mustern, sodass alle wussten, wessen Beil sie in den Händen hielten. Besonders auf den Britischen Inseln waren solche Verzierungen beliebt.

Bücher der Bronzezeit

Ein Beil erzählte also eigentlich sehr viel. Es gehörte zu einem und dem eigenen Haus, aber es war nicht einfach von selbst zu einem gekommen. Es hatte Anstrengung gekostet, anstelle eines Steinbeils ein Beil aus Bronze zu erwerben. Auch war die Herkunft des Beiles bekannt. Und wenn man damit zufrieden war, sollten alle das sehen.

Die meisten unternahmen lieber keine Fernreisen. Sie entfernten sich nicht mehr als einige Kilometer von ihrem Anwesen. Warum sollten sie auch? Alles, was sie benötigten, war in der Nähe. Nein, nein: Sollten andere doch über die Berge ziehen, das Meer mit Schiffen befahren und fremden Menschen mit eigenartigen Kleidern und Haartrachten begegnen.

Aber Moment mal: Woher wussten die Leute dann trotzdem, dass es das Meer, die Berge und die fernen Menschen gab? Landkarten oder Bilder davon existierten doch noch nicht! Wie konnten sie dann wissen, wie es woanders war?

Durch das Beil! Man wusste all diese Dinge, weil Menschen sie einem erzählten. Ganz besonders die Menschen, die einem das Beil besorgt hatten. Dieses war schließlich von Hand zu Hand gegangen, über sehr weite Entfernungen. Jeder Händler und jede Mittelsperson erzählte wieder eine neue Geschichte von denjenigen, die das Beil gemacht hatten, von Menschen, die sie kannten und mit denen sie sprachen, und auch, wie es dort aussah, wo sie wohnten. Letztendlich gelangten all diese Geschichten zusammen mit dem neuen Beil zu den neuen Besitzern. Und die erzählten diese Geschichten auch wieder weiter.

Natürlich war auch das eine große Flüsterpost. Je öfter die Geschichten erzählt wurden, desto mehr veränderten sie sich. Aber ihr Kern blieb bestehen. Und zuletzt wusste jeder, der ein Beil ähnlich wie deines sah, dass es von einer großen Insel im Westen kam, wo die Menschen Schiffe bauten, in das dein Kanu dreimal hineingepasst hätte. Oder aus den wilden Bergen im Süden, die so hoch waren, dass ihre Gipfel immer schneebedeckt blieben.

Eigentlich sind Beile somit die Landkarten der Bronzezeit. Man könnte sie sogar die Bücher der Bronzezeit nennen. Man kann auch ohne einen einzigen Buchstaben darin lesen. Und das macht sie noch außergewöhnlicher, als sie es ohnehin schon sind.

An der Grenze

Archäologinnen und Archäologen graben Häuser, Anwesen und Dörfer aus, aber nie haben sie dort Bronzebeile gefunden. Zurückgelassen wurden sie allenfalls, wenn die dortigen Bewohner plötzlich vor Feuer oder Feinden flüchten mussten. Aber das sind Ausnahmen. Wenn man gut dafür sorgte, hielt so ein hölzernes Bauernhaus mindestens fünfzig Jahre. Erst wenn so viel daran kaputt oder verrottet war, dass sich eine Reparatur nicht mehr lohnte, wurde es aufgegeben. Die Beile wanderten dann für gewöhnlich mit ihren Besitzern weiter, und zuletzt wurden sie wieder umgeschmolzen. Ein Beil konnte also immer weitergebraucht werden. Doch es gab noch eine andere Möglichkeit. Denn sehr viele Beile wurden als Depotfunde an Orten mit Wasser wiederentdeckt.

Nicht gleich jedes Stückchen Fluss oder Sumpf war dafür geeignet. Bronzezeitliche Niederlegungen finden sich besonders an Grenzen. In Übergangsgebieten zwischen nass und trocken, etwa am Rand eines Sumpfes oder einem Flussufer. Oder entlang von vorgeschichtlichen Moorwegen: Holzkonstruktionen, um morastige Flächen überqueren zu können. Solche Wege wurden in Sumpf- und Moorgebieten angelegt, damit man diese nicht immer umrunden musste. Das machte die Reise schneller. Aber es muss auch ein wenig unheimlich gewesen sein, so quer über das Moor zu laufen. Es gab dort eigentümliche Gerüche und seltsame Geräusche. Und vielleicht machten auch viele Schauergeschichten darüber die Runde.

Der Unterschied zwischen der wilden Natur und der aus bäuerlichen Anwesen, Äckern und Weiden bestehenden Welt muss so groß gewesen sein, wie man es sich heute fast nicht mehr vorstellen kann. In unserer Zeit ist fast jeder Zentimeter der Umgebung von Menschen gestaltet, selbst der Wald, in dem du vielleicht mitunter spazieren gehst. In der Bronzezeit gab es noch Wälder und Sümpfe, die noch nie jemand betreten hatte. Deren Grenzen allerdings wurden durchaus von Menschen bestimmt. Denn jedes Haus, das gebaut wurde, jeder Hof und jeder Acker sorgte dafür, dass die Natur ein Stückchen kleiner wurde.

Die Menschen hatten also einen sehr direkten Einfluss auf das Land um sich herum. Sie fühlten sich auch damit verbunden, denn ohne das Land konnten sie nicht leben. Bestimmt waren sie sich auch bewusst, dass sie Dinge zerstörten. Vielleicht fühlten sie sich sogar schuldig und hatten das Gefühl, der Natur etwas zurückgeben zu müssen. Etwas Wertvolles. Zum Beispiel das scharfe Werkzeug, mit dem sie die ganzen Bäume umgehauen hatten: ihre Bronzebeile. Wer nimmt, muss auch geben.

Wer etwas hergeben will, möchte das Gefühl haben, dass der Empfänger es auch wirklich erhält und dass niemand sonst es an sich nehmen kann. Einfach ein Loch in den Boden zu graben fühlt sich doch nicht ganz so gut an. Man sieht das Beil auf dem Boden liegen, und es verschwindet erst, wenn man es selbst mit Erde bedeckt. Schlimmer noch: Jemand, der oder die dich bei deinem Tun beobachtet, kann das Beil einfach wieder ausgraben!

Aber etwas ins Wasser zu legen, besonders in trübes Wasser, ist ganz anders. Das Beil wird buchstäblich verschluckt, und zwar mit einem Mal, sobald man es loslässt. Und unter Wasser? Man weiß nicht, was dort mit dem Beil geschieht. Was immer man glaubt, es kann alles wahr sein. Niemand kann es sehen. Es ist sehr gut möglich, dass Wasser deshalb so wichtig für die Niederlegungen war.

Regeln

Oft werden Beile nicht allein im Wasser zurückgelassen. Hunderte von ihnen konnten dort zusammenliegen, und manchmal gibt es dazu noch beispielsweise Schmuckstücke. All diese schönen Bronzeobjekte auf einem Haufen, das sieht aus wie ein echter Schatz.

Aber wenn man genau hinsieht, ist so ein Depotfund nie bloß ein Haufen Bronze. Die Objekte liegen immer in einer bestimmten Weise beieinander. Die Beile bei den Beilen, die Armreife bei den Armreifen und die Gewandnadeln bei den Gewandnadeln, auch wenn sie zusammen eine Niederlegung bilden. Es muss entsprechende Regeln dafür gegeben haben, die alle kannten. Dazu gab es noch eine wichtige Regel für Beile. Eine, die mit dem Tod zusammenhing.

Die Archäologie geht davon aus, dass die Dinge, die jemandem mit ins Grab gelegt wurden, etwas über diese Person aussagen. Dass man daraus ersehen kann, ob jemand eine Anführerin war, eine Händlerin, ein Bronzeschmied oder ein Krieger. So gesehen wäre es also ganz naheliegend, ein Bronzebeil im Grab eines Bronzeschmieds oder einer Händlerin zu finden. Jedoch wurde nie jemand mit einem Bronzebeil begraben.

Beile wurden benutzt, umgeschmolzen oder in einem Bach, Fluss oder Sumpf niedergelegt. Sie gehörten nicht in jemandes Grab oder in und um das eigene Haus – auch dort werden normalerweise keine Beile gefunden. Offenbar befand sich der einzig richtige Ort, ein Beil zurückzulassen, in der öden, wilden Natur.

Ein letztes Mal

Was immer der Grund für die Niederlegung war: Bevor ein Beil im Wasser verschwand, wurde es oft noch ein letztes Mal geschärft. Vielleicht war das Beil für die Götter bestimmt und nur ein scharfes Beil gut genug für sie. Falls es dabei nicht um die Götter ging, war das Schärfen vielleicht einfach etwas, was man selbst noch tun wollte. Das Beil hatte einen so lange begleitet, es hatte so viel mit einem erlebt und konnte so viele Geschichten von einem erzählen ... Das wollte man nicht einfach so verschwinden lassen. Das wollte man noch einmal in Ordnung bringen. Ihm sozusagen eine letzte Ehre erweisen.

Rukh

Er hat Angst, das spüre ich. Die Hand, die mich hält, zittert und ist schweißnass. Der junge Mann muss sich anstrengen, damit er mich nicht fallen lässt. Ich kann ihn verstehen. Denn ich weiß, was wir tun werden.

In tiefster Nacht sind wir von zu Hause aufgebrochen, Rukh und ich. Mäuschenstill. Niemand ist aufgewacht. Nicht seine Eltern und seine beiden Schwestern, auch nicht sein Onkel und sein Vetter. Selbst seine Großmutter nicht. Alle schliefen weiter, während Rukh mich unter seiner Bettdecke hervorzog und zusammen mit mir davonschlich. So kann es nicht länger weitergehen. Irgendwann muss Schluss damit sein. Genau das denkt Rukh. Er denkt es so laut, dass ich es hören kann.

Schnee bedeckt die kahlen Äcker, hier und da lugen dunkle Stoppeln daraus hervor. Der Mond ist klein, aber grell, eine Sichel mit einer Schneide nicht weniger scharf als meine. Mit leise knirschenden Schritten durchqueren wir die leeren, verschneiten Weiden. Die Kühe stehen jetzt im Haus, draußen ist es zu kalt.

Aber dieses Jahr fühlt es sich anders an. Dieses Jahr ist die Leere nicht nur traurig, sondern auch bösartig. Es gibt weniger Kühe. Die Ställe im Haus sind nicht einmal zur Hälfte belegt. Und immer noch lässt uns dieser Wolf nicht in Ruhe. Der Mann, der unser Nachbar ist. Der Mann, den wir heute Nacht heimsuchen. Der Mann, dessen Blut ich schmecken werde.

Rukh ist tapfer, finde ich. Er selbst ist nicht der Meinung. Er hält sich für einen Feigling. Eben das flüstert er jetzt schon die ganze Zeit leise in sich hinein. Vielleicht weil er meint, er hätte schon früher etwas unternehmen müssen. Vielleicht weil er mitten in der Nacht geht, wenn keiner ihn sehen kann. Aber was sonst hätte er tun können? Ich verstehe das nicht ganz. Vielleicht erzählt er es mir noch. Ich bin schließlich sein Beil, gehöre ihm ganz allein. Er hat mir schon öfter Dinge zugeflüstert, während er mich schärfte oder mich wieder neu an meinem Schaft befestigte. Er ist stolz, dass er mich hat. Und das mit Recht. Ein Mann hat ein Beil, ein Junge nicht. Rukh ist ein Mann. Als solcher will er sich fühlen. Vielleicht tut er das hier ja deswegen. Weil er meint, er müsste ein Mann sein.

Plötzlich bleibt Rukh stehen und kauert sich hin.

„Ich bin ja wohl verrückt", flüstert er den Bäumen des Waldes zu, der unser Haus von Wolfs Haus trennt. Er umklammert mich mit beiden Händen und drückt meine flache Seite an seine Stirn. Ich spüre die Hitze seiner Haut, die mich langsam erwärmt. Ich wünschte, ich könnte ihn beruhigen. Ich würde ihm sagen, dass er das hier tut, um seine Familie zu beschützen. Dass er eigentlich nicht anders kann. Und dass ich mich eigentlich darauf freue, mal etwas anderes als Holz hacken zu dürfen.

Rukh seufzt und steht wieder auf. „Sei ein Mann!", sagt er zu sich. Ich hatte also recht. Der Blick in Rukhs Augen ist grimmig. Er beißt die Zähne zusammen und geht weiter.

Er erscheint noch gar nicht mal so lange her, der Tag, an dem Wolf kam und uns beschuldigte, seine Kühe gestohlen zu haben. Rukhs Vater traute seinen Ohren nicht. Weshalb sollten wir so etwas tun? Unsere Herde war groß genug, und die Tiere waren stark und gesund. Wir brauchten keine Kühe zu stehlen, erst recht nicht die mageren, kleinen des Nachbarn. Aber Wolf beharrte darauf. Also ließen wir ihn unsere Herde beobachten, solange er wollte, doch er rief nur immer, wir hätten seine Kühe im Wald versteckt und wollten sie bald verkaufen, damit niemand dahinterkäme. Nichts von dem, was wir sagten, konnte ihn auf andere Gedanken bringen. Rukhs Vater schickte ihn wütend weg. Aber Wolf kam wieder. Und diesmal war er nicht allein.

Ich weiß nicht, wie der Mann hieß, der mit einem strengen Blick in den Augen und geschmückt mit Armreifen aus Bronze neben Wolf stand. Rukhs Vater sagte nicht viel, und Rukhs Mutter wagte den Mann gar nicht erst anzublicken. Sie schickte Rukh und seine Schwestern hinaus, aber natürlich entfernten wir uns nicht weiter als bis um die nächste Ecke. Abwechselnd schielten wir hinter ihr hervor. Ich steckte in Rukhs Gürtel. Ich erinnere mich noch gut.

Wolf und der Mann gingen wieder, und wir rannten, so schnell wir konnten, zurück. Rukhs Mutter weinte, und sein Vater hatte die Arme um sie gelegt. Sie wollten nichts sagen, aber bald wussten auch wir Bescheid. Es würde einen Kampf geben. Einen Zweikampf. Wir mussten einen Krieger finden, der für uns antreten wollte. Innerhalb von drei Tagen. Der Mann mit den bronzenen Armreifen hatte nicht herausbekommen, wer die Wahrheit sprach. Jetzt sollten die Götter entscheiden, ob wir Diebe waren oder nicht.

Wir fanden einen Krieger. Sein Schwert glänzte im Morgenlicht, und ich war eifersüchtig darauf. Ein Schwert hat einen Namen, ein Beil nicht. Auch wenn Rukh mich manchmal „mein Freund" nennt. Ich glaube nicht, dass ein Schwert je so genannt wird. Ein Schwert heißt Blitz oder Beißer. Das ist doch etwas anderes.

Der Krieger und sein Schwert waren gut, aber Wolfs Krieger war besser. Er ließ das erste Blut fließen, und Wolf bekam recht. Auf einmal waren wir Diebe und mussten ihn entschädigen. Mit unserer halben Herde.

Rukh stolpert über einen Ast, der unter dem Schnee liegt, und flucht leise. Tränen stehen ihm in den Augen, aber er geht weiter. Wir sind fast am Rand des Waldes, fast bei Wolfs Land. Ab jetzt ist Vorsicht geboten. Noch einmal stolpern geht nicht. Wolf darf uns nicht hören. Wir müssen vorsichtig sein, noch vorsichtiger als bisher.

Rukh riecht etwas. Er verlangsamt seinen Schritt und streckt die Nase in die Luft. Ich hänge locker in seiner Hand.

„Was ist das?", murmelt er.

Er weiß es sehr wohl, genau wie ich. Es ist der Gestank von Verwesung, der Geruch des Todes. Ich will, dass er weitergeht, aber er ist abgelenkt. Er will wissen, was da so riecht. Er ändert die Richtung, und der Gestank wird stärker. Als wir endlich sehen, woher er rührt, hält Rukh sich längst mit einer Hand Mund und Nase zu.

Zu seinen Füßen liegen zwei Kühe. Im Mondlicht tanzen die Schatten der Bäume gespenstisch über die Kadaver. Trotz der dünnen Schneeschicht, die die Tiere bedeckt, sehen wir, dass ihre Bäuche aufgedunsen sind, dass sie gespannt sind wie ein Trommelfell und jeden Moment aufplatzen können. Ihre Zungen hängen dunkel aus den Mäulern, und ihre Augenhöhlen sind leer gefressen. Die zwei sind nicht die einzigen toten Tiere. Je weiter wir gehen, desto mehr finden wir. Überall im Wald um Wolfs Haus liegen tote Kühe. Manche sind nur noch Skelette. Und sie wurden nicht geschlachtet. Nicht ein Knochen fehlt daran. Ihre Häute wurden nicht verwendet. Sie liegen hier einfach herum.

Rukh wird immer zorniger. Seine Wut durchströmt auch mich. Seine Hand zittert, aber nicht mehr aus Angst. Die halbe Herde dahin, und das für nichts. Wolf hatte gelogen. Das wussten wir natürlich alle. Aber die Götter hatten entschieden, und das mussten wir akzeptieren. Wir hatten uns immer mit dem Gedanken getröstet, dass Wolf uns tatsächlich für Diebe hielt, dass seine Kühe verschwunden waren und er sich das einfach nicht anders erklären konnte. Wir hatten auch etwas Mitleid mit ihm. Das machte es besser. Aber hier liegen seine Kühe, eine neben der anderen. Er selbst hat sie hierhergeschleppt. Manche Tiere haben die Stricke noch um die Beine.

Rukhs Herz klopft laut und schnell, als er sich wieder zu Wolfs Haus umdreht. Ich weiß sicher, dass diese Entdeckung ihn stärker gemacht hat. Jetzt wird er nicht mehr zögern, wenn er an Wolfs Schlafplatz steht. Er wird mich hochheben und ohne zu stocken auf den Schädel seines Nachbarn niedersausen lassen. Und ich bin neugierig, ich kann es nicht leugnen. Wie es sich anfühlt, in Haut und Knochen zu beißen anstatt in Holz. Rukh umklammert mich, als ob ich lebendig wäre und fliehen könnte. Aber das würde ich gar nicht wollen.

Wir gehen weiter. Das Haus ist ein dunkler Schatten auf dem Hof. Wie ein Riesentier scheint es auf uns zu warten, stumm und wachsam. Bereit, uns zu verschlingen. Aber wir gehen freiwillig. Wir stürzen uns in das Maul des Tieres, auch wenn wir vielleicht nicht mehr lebend hinausfinden. Das ist es wert. Denn Wolf lässt uns einfach nicht in Ruhe.

An dem Tag, als er unsere Kühe abholen kam, sahen wir ihm mit der gesamten Familie hinterher. Ich glaube, die meisten von uns weinten. Wir hatten so hart für unsere schöne, große Herde gearbeitet. Und jetzt mussten wir fast wieder von vorn anfangen. Aber so traurig das auch war, das Elend war überschaubar oder hielt sich in Grenzen. Uns blieben noch genügend Tiere, um uns am Leben zu erhalten. Und das wars, dachten wir. Jetzt herrscht wieder Ruhe.

Eine Zeit lang war das auch so. Aber eines Tages war ein Teil des Getreides auf den Äckern verschwunden, kurz bevor es geerntet werden sollte. Bald darauf wiederholte sich das. Und dann die Erbsen. Einer der Hunde lag an jenem Morgen tot auf dem Hof. Die Hasen, die Rukh einige Tage später gejagt hatte, waren am nächsten Morgen von ihrem Haken verschwunden.

Natürlich war Wolf der Übeltäter. Wer sonst? Aber wie oft Rukh es seinen Eltern sagte, wie sehr er sie auch anflehte, etwas dagegen zu unternehmen, sie hörten nicht auf ihn.

„Wir können es ihm nicht nachweisen", sagten sie. „Haben wir nicht schon genug Schlimmes erlebt? Lass die Sache ruhen, Rukh. Uns bleibt noch genügend zu essen."

Das war der Moment, in dem Rukh wütend wurde. Immer wütender. Bis er es nicht mehr aushielt. Und jetzt sind wir hier.

Rukh drückt sich flach gegen die Hauswand. Er schielt um die Ecke des Eingangs. Alles ist still, als würde selbst die Nacht den Atem anhalten. Wir huschen hinein, und wieder muss Rukh sich die Nase zuhalten. Wir sind im Stallteil des Hauses, und der Gestank ist unerträglich. Die meisten Boxen sind leer; nur einige Tiere stehen oder liegen noch da. Sie sehen schlecht aus. Manche leben vielleicht schon nicht mehr, wir können es nicht sehen. Aber sie stinken. Auch die lebenden. Was ist hier nur los?

Rukh blickt grimmig drein. Ich habe ihn noch nie so zornig erlebt. Die Wut strahlt von ihm ab. Er kocht. Er umfasst mich mit beiden Händen und geht leise weiter. Seine Schritte sind entschlossen, obwohl er sich Mühe gibt, lautlos zu sein.

Wir kommen immer näher an die Feuerstelle, näher zu den Schlafplätzen. Das Mondlicht reicht nicht hierher, und wir tasten uns vorsichtig weiter. Langsam gewöhnen sich unsere Augen an die Dunkelheit, und wir sehen die kalte Feuerstelle und die sie umgebenden Möbel. Grob behauene Holzbänke, Holzblöcke, die als Hocker dienen. Dann hören wir ihn. Wolf. Er hustet. Er keucht. Er röchelt. Und dann ist er wieder still. Wir wissen jetzt, wo er ist. Es ist nicht mehr weit. Ein paar Schritte nur.

Rukhs Herz pocht lauter denn je. Einen Moment steht er ganz still, schließt die Augen und hält den Atem an. Er lässt mich locker in einer Hand hängen. Langsam atmet er wieder aus. Dann macht er den ersten Schritt. Den zweiten. Den dritten. Und wir stehen neben Wolf.

Wolf liegt auf dem Rücken, eine grobe graue, durchlöcherte Decke über sich gezogen. Rukh erschrickt. Ich auch. Trotz der Dunkelheit sehen wir, wie scharf die Knochen in seinem Gesicht hervortreten. Er sieht genauso aus wie seine Kühe. Nur Haut und Knochen. Seine Lippen haben sich zurückgezogen, und wir sehen seine schwarzen Zähne, sofern er noch welche hat. Er sieht aus, als wäre er bereits tot. Rukhs Blick sucht die weiteren Schlafplätze ab, aber da liegt niemand. Sie sind leer. Wo ist Wolfs Familie? Rukh zögert, ich spüre es.

Nein, versuche ich, ihm zu sagen, nicht zögern, er ist es, er macht uns das Leben sauer, er hat unsere Kühe sterben lassen, keine Gnade, jetzt nicht.

Ich denke, dass Rukh mich hört. Sein Körper spannt

sich. Sein Arm schwenkt hoch und zurück. Und dann öffnet Wolf die Augen. Rukh stößt einen Schrei aus und wankt.

„Es ist gut", sagt Wolf erstaunlich ruhig. „Tu es. Du hast völlig recht."

Er schließt die Augen wieder.

„W-was?", fragt Rukh.

Aber Wolf sagt nichts mehr. Er bleibt liegen, die Augen fest zugekniffen. Er wartet auf uns. Auf mich.

Rukh ist durcheinander. Er weiß nicht mehr, was er tun soll. Er hatte bereitgestanden, um zuzuschlagen, aber jetzt ist er gefangen. Von Wolf und dessen Worten.

Wolfs Augen öffnen sich wieder.

„Worauf wartest du noch? Es ist schwer, still liegen zu bleiben und zu warten, Rukh. Also tu es schnell."

„Du willst sterben", sagt Rukh so langsam, als würde er träumen.

Vielleicht fühlt es sich auch so an. Was hier geschieht, kann sich keiner ausdenken.

„Genau wie auch du mein Ende willst", sagt Wolf. „Meine Familie ist mir schon vorausgegangen. Alle krank, alle tot. Warum darf ich ihnen nicht folgen?"

Rukh weiß keine Antwort. Wolf seufzt, dann hustet er. Wir warten, bis der Anfall vorbei ist. Alle Wut von vorhin ist verschwunden. Wolf hätte nicht aufwachen dürfen. Dann wäre sein Wunsch jetzt bereits in Erfüllung gegangen.

„Ich habe niemanden mehr", sagt Wolf dann. „Schon sehr lange nicht. Jetzt sterben auch die Kühe, und ich weiß nicht, warum. Ich habe kein Essen. Ich bin zu schwach zum Pflügen und Säen. Auch zum Tauschen habe ich nichts mehr. Vielleicht hätte ich manche Dinge nicht tun sollen. Aber ich bin allein, und ich habe Hunger."

„Du wusstest also, dass wir deine Kühe nicht gestohlen hatten", sagt Rukh. Seine Stimme ist höher als gewöhnlich. Er versucht, seinen Zorn im Zaum zu halten. Oder sind es Tränen?

„Das wusste ich", gesteht Wolf. „Aber ich konnte nicht anders."

„Wieso nicht?", fragt Rukh. „Es war eine Lüge. Wir haben nicht deine Kühe gestohlen, sondern du unsere! Und jetzt sind sie alle tot! Hast du auch unsere Äcker geplündert? Hast du unseren Garten verwüstet? Nach allem, was du uns schon angetan hattest?"

„Ja", sagt Wolf und schließt die Augen wieder. „Besser ein Dieb als ein Bettler. Hörst du mich? Ich bin ein Dieb. Also tu es jetzt. Lass dein Beil richtig und fest niedersausen. Ich habe es verdient."

Einen Moment lang habe ich Hoffnung. Rukh kneift so fest in meinen Stiel, dass es ihm wehtun muss. Er zittert. Dann holt er mit mir aus. Gleich passiert es. Er macht einen Schritt, und ich sause im hohen Bogen nach vorn. Rukh lässt mich mit all seiner Kraft niedersausen. Und dann beiße ich, spalte ich ohne Gnade. Wolf schreit. Er schaut und erblickt mich neben sich. Tief in dem Balken neben seinem Kopf.

„Und jetzt willst du aus mir auch noch einen Mörder

machen", sagt Rukh. „Vergiss es. Stirb selbst, wenn du es so gern möchtest."

Und er lässt mich zurück.

So war das nicht gedacht! Nein, will ich rufen, komm zurück, nimm mich mit! Aber Rukh hört mich nicht. Dann verschlucken ihn die Schatten.

Neben mir setzt sich Wolf auf. Er starrt mich an. Erst jetzt sehe ich die Angst in seinen Augen. Sein Gesicht glänzt vor Schweiß. Wortlos steht er auf und zieht mich aus dem Holz. Es kostet ihn Mühe. Rukh hat seine ganze Kraft auf den Hieb verwendet, und ich weiß, wie stark er ist. Aber zuletzt liegt mein Stiel in Wolfs Händen. Seine Augen sind tränennass.

„Stolz", murmelt er. „Ich bin zu stolz. Ich hätte einfach um Hilfe bitten sollen. Morgen werde ich das tun."

Ich hatte erwartet, Wolf würde sich jetzt wieder schlafen legen, aber stattdessen löst er das Seil, mit dem ich an meinem Schaft befestigt bin. Langsam und sorgfältig wickelt er es ab. Als ich los bin, umfasst er mich vorsichtig. Seine Haut ist klamm und kalt. Nicht wie die von Rukh, der jung ist und stark. Wolf ist krank. Und so fühlt es sich auch an.

Er legt sich ein Tuch um die Schultern und geht hinaus. Wir lassen den Hof hinter uns und gehen in den Wald. Es scheint, als liefen wir stundenlang, und ich fühle, wie viel Mühe es Wolf kostet. Er hinkt und muss sich oft ausruhen. Als wir endlich an unserem Ziel angekommen sind, holt er mich unter seinem Umschlagetuch hervor. Er nimmt mich in beide Hände und sagt leise: „Ich könnte dich behalten. Ich weiß, wie viel du wert bist. Aber heute Nacht habe ich meine Lektion gelernt. Und ich lebe noch. Ich will leben. Ich weiß nicht, ob ich es verdiene. Aber du gehörst ab jetzt den Göttern. Vielleicht werden sie mir dann vergeben."

Mühsam geht Wolf am Ufer des Moorsees in die Hocke. Das Mondlicht bricht sich tausendfach im Wasser. Ich schimmere in seinem bleichen Schein und sehe mich in Wolfs Augen widerspiegeln. Er beugt sich, und einen Moment schwebe ich über der Wasseroberfläche. Aber dann lässt Wolf mich los, und ich falle. Ein lautes Plumpsen, und das Wasser schließt sich über mir. Hierher scheint der Mond nicht. Ich sinke und lande in dem weichen Grund, der mich mit offenen Armen willkommen heißt. Ob mich die Götter jetzt holen? Wohnen sie unter Wasser? Wie sie wohl aussehen? Ich werde hier auf ihr Kommen warten.

Ich warte noch immer.

5

Bronze und Blut

Vor der Bronzezeit hatte noch niemand auch nur an ein Schwert gedacht. Das heißt, ganz sicher wissen wir das natürlich nicht. Aber gegeben hat es Schwerter jedenfalls noch nicht. Das ist auch nicht verwunderlich. Man kann ein Schwert aus Feuerstein machen, wenn man sehr gut in der Bearbeitung von Feuerstein ist. Bloß anfangen kann man damit nichts. Schon beim ersten

Schlag würde es in 1000 Stücke zersplittern. Es brauchte Bronze, um das allererste Schwert der Welt entstehen zu lassen. Zähe, scharfe, gießbare, schimmernde Bronze.

Ein langer Dolch

In Anatolien, dem Teil der Türkei, der an Griechenland grenzt, geschah es. Gegen 3300 vor Christus, lange bevor in Westeuropa die Bronzezeit begann, wurden dort die ersten Schwerter gefertigt. Sie waren aus Arsenbronze – das heißt aus einer Mischung aus Kupfer und dem ungesunden Arsen –, und manche besaßen einen mit Silber verzierten Griff. Dennoch blieben Schwerter lange Zeit ziemlich selten, und zwar ungefähr noch 1000 Jahre. Erst danach gelangten sie aus der Türkei über Südosteuropa zuletzt auch in den Norden und Westen.

Wahrscheinlich sind Schwerter ursprünglich aus Bronzedolchen entstanden. Die gab es schon eine Zeit lang, und sie dienten zum Schneiden von beispielsweise Fleisch, Schilf oder Holz. Ein Schwert erscheint da die logische Fortsetzung. Die Klinge der Dolche – also der scharfe Teil aus Bronze – wurde immer etwas länger, bis man nicht mehr von einem Dolch sprechen konnte, sondern man ein Schwert vor sich hatte.

Im Norden und Westen Europas aber war noch niemand auf diese Idee gekommen. Es gab auch noch nicht so viele Bronzedolche. Als dann die ersten Schwerter auftauchten, waren sie etwas ganz Besonderes. Niemand hatte so etwas je gesehen. Es dauerte nicht lange, und sie wurden nachgemacht, sogar aus Feuerstein.

Besonders in Dänemark konnten die Menschen das gut, und gut muss man schon sein, denn ein Schwert aus Feuerstein zu machen ist unheimlich schwer. Bloß kämpfen kann man damit nicht. Es muss also hauptsächlich zur Zierde gedient haben: Seht her, ich habe auch ein Schwert!

Die erste Waffe

Vielleicht denkst du jetzt, dass Schwerter ja unausweichlich irgendwann kommen mussten. Dass ein Dolch von selbst zu einem Schwert führt. Doch ganz so ist es nicht. Denn mit Schwertern hat es etwas Besonderes auf sich. Sie sind nämlich die ersten Gegenstände überhaupt, die speziell dafür gemacht wurden, um Menschen zu töten. Es sind die allerersten echten Waffen der Welt.

Lange Zeit hatte es den Anschein, als seien in der Bronzezeit kaum gewalttätige Dinge geschehen. Nichts als Hausbau, Tierhaltung, Getreideanbau und ab und zu ein Tauschgeschäft mit den Nachbarn. Jeder auf seinem eigenen Stückchen Land. Alles, was man zum Leben braucht, ist in der Nähe. Damit müssten doch alle zufrieden sein, oder?

Aber das sogenannte Grab von Wassenaar, das 1987 in den Niederlanden entdeckt wurde, erzählt eine andere Geschichte. Dieser archäologische Fund lieferte einen der ersten und seltenen Beweise, dass es auch in der Bronzezeit mitunter hart zugehen konnte. In dem Grab lagen zwölf Menschen – Männer, Frauen und Kinder –, die gewaltsam ums Leben gekommen waren. Dennoch betrachtete die Forschung das als etwas eher Einmaliges, das nicht häufig geschah. Bis vor Kurzem waren nämlich nicht viele Skelette aus der Bronzezeit bekannt, an denen man deutlich ablesen konnte, dass die Person ermordet worden war.

Inzwischen hat es manch neue Entdeckungen gegeben, etwa 2007 im Tollensetal in Mecklenburg-Vorpommern. In diesem Flusstal wurden die Knochen Hunderter von Männern aus der Bronzezeit ausgegraben, die zwischen zwanzig und vierzig Jahre alt gewesen waren. Sie hatten Stich- und Schnittwunden oder eingeschlagene Schädel, und bei manchen steckte die Pfeilspitze sogar noch im Knochen.

Den Grund für diese große Schlacht kennen wir natürlich nicht. War es eine große Gruppe von Reisenden, die hier überfallen worden war? Hatten zwei feindliche Parteien vereinbart, sich hier am Fluss gegenüberzutreten? Wie auch immer, es muss etwas Wichtiges gewesen sein. Etwas, das Hunderte, ja vielleicht Tausende Menschen dazu veranlasste, ihre Anwesen und Familien zurückzulassen, um irgendwo in einem sumpfigen Morast gegeneinander zu kämpfen. Was könnte das gewesen sein?

Klar ist jedenfalls, dass in der Bronzezeit manche Menschen reicher waren als andere. Besonders diejenigen, die sich am Bronzehandel beteiligten. Weil die Nachfrage nach Bronze so groß und diese außerdem nicht überall einfach zu bekommen war, hielten sie die Fäden in der Hand. Sie hatten Macht über den Handel und damit auch über andere Menschen. Sie waren zwar keine Königinnen oder Kaiser, aber dennoch tat man besser, was sie wollten, sonst konnte man ein Bronzebeil für sich wohl vergessen.

Natürlich gab es mehrere Orte, an denen Menschen Macht hatten, genau wie es mehrere Orte mit Kupfer- und Zinnminen gab. Und du kannst dir vielleicht vorstellen, dass diese Menschen manchmal neidisch aufeinander waren. Wenn eine Bronzeschmiedin in den Alpen beispielsweise wusste, dass Bronze aus Spanien viel beliebter war als ihre eigene. Oder wenn jemand sehr gern Bernstein im Tausch für seine Bronze haben wollte, aber jemand anderer alle Händler bereits dazu gebracht hatte, ausschließlich mit ihm Geschäfte zu machen. Dann kann man versuchen, den anderen zu überreden oder sogar zu bestechen, aber wenn das nicht gelingt ... Dann könnte man vielleicht auch an eine weniger friedliche Lösung denken.

Sicher ist nicht unbedingt ein Schwert nötig, um in einen Kampf zu ziehen. Beile, Dolche sowie Pfeil und Bogen tun es auch. Aber das sind alles Werkzeuge, Gerätschaften für den Alltag: zum Hacken von Feuerholz, zum Schneiden von Schilf für sein Hausdach oder zur Jagd. Es sind Gerätschaften, die auch als Waffe dienen können. Aber umgekehrt taugt ein Schwert nicht als Werkzeug. Man kann damit weder jagen noch einen Baum fällen. Schilf ließe sich damit vielleicht noch schneiden, aber praktisch wäre es nicht.

Schwerter sind Waffen und nichts anderes. Und sie wurden in der Bronzezeit erfunden. Das muss wohl bedeuten, dass der Kampf immer wichtiger wurde. Dass Gewalt mehr und mehr zu etwas Offiziellem wurde, statt dass man sie nur dann einsetzte, wenn es sich so ergab. Zusammen mit den Schwertern verbreiteten sich sicher auch allerlei spannende Geschichten von großen Helden, die gegen schlimme Feinde kämpften, Geschichten von Ehre und großen Siegen. Wer würde da nicht heimlich davon träumen, der beste Schwertkämpfer aller Zeiten zu werden?

Bronzeschwerter sind aus Dolchen entstanden, also kurzen Messern, die für den Alltagsgebrauch bestimmt waren. Die ersten Schwerter sehen noch aus wie lange Dolche und wurden auch genauso angefertigt: eine Klinge aus Bronze mit einem festgenieteten Griff aus Holz oder Knochen am unteren Ende. Diese Verbindung war aber nicht sonderlich stabil. Man konnte mit so einem Schwert nur stechen oder schneiden, nicht hauen. Währenddessen wurden die Schwerter jedoch immer länger, wodurch die Verbindung zwischen Klinge und Griff immer größeren Kräften ausgesetzt war. Die Lösung war simpel: Der im Griff steckende Bronzeteil musste ebenfalls länger werden. Der Griff bestand jetzt aus zwei Hälften, zwischen denen die Bronze über die gesamte Länge mit Nieten befestigt wurde. Das war ein ganzes Stück haltbarer. Die Klinge bekam eine Blattform und wurde etwas kürzer, wodurch mit diesen Schwertern im Kampf alles möglich ist: stechen, schneiden und draufhauen. Zuletzt wurden Bronzeschwerter wieder länger und bestanden aus einem einzigen Stück Bronze. Sie wurden einschließlich des Griffes gegossen. Bronze zersetzt sich nicht im Erdboden wie Holz oder Knochen. An solchen Schwertern kann man also immer noch ablesen, wie intensiv sie benutzt wurden. Ihr Griff ist manchmal ganz glatt und abgegriffen von der Hand des Schwertkämpfers.

Auge in Auge

Vielleicht siehst du jetzt solche riesigen Ritterschwerter vor dir, mit denen in Filmen so wild herumgefuchtelt wird. Aber diese Schwerter sind aus Stahl und durchschnittlich einen Meter lang. Große Langschwerter, die mit beiden Händen geführt werden mussten, messen sogar anderthalb Meter oder mehr. Sie reichen einem erwachsenen Mann bis an die Schultern. Die ersten Schwerter aus der Bronzezeit sind mit nur einem halben Meter viel kürzer. Später waren sie an die achtzig Zentimeter lang. Dennoch sind es echte Schwerter. Man kämpft nur ganz anders damit als mit einem mittelalterlichen Schwert.

Das liegt in erster Linie daran, dass diese frühen Schwerter eigentlich nur aus der Klinge bestanden. Der Griff – der Teil des Schwertes, den man in der Hand hält – war aus Holz oder Knochen und wurde mit Bronzenieten – einer Art Nägel – an der Klinge befestigt. Du kannst dir vorstellen, dass Klinge und Griff nicht lange zusammenhalten, wenn man damit auf etwas einschlägt. Darum sind die ersten Schwerter eigentlich nur zum Zustechen geeignet oder um jemandem hässliche Schnittwunden zuzufügen. Man kann damit nicht einfach so um sich hauen. Später ging das wohl, als man Griff und Klinge anders zusammenfügte. Aber bis dahin mussten die Kämpfer besonders geschickt und schnell sein. Hast du schon mal ein Fechtturnier gesehen, mit Männern oder Frauen in dicken weißen Anzügen und einer Gesichtsmaske mit Drahtgitter? So ähnlich muss es gewesen sein, aber natürlich gibt es auch einige Unterschiede.

Der Degen im modernen Fechtkampf ist mehr als einen Meter lang. Die beiden Kämpfenden stehen also ziemlich weit auseinander.

In der Bronzezeit standen sie, weil die Schwerter kurz waren, im Gegenteil sehr nah beieinander. Wer jemanden tödlich verwundete, konnte ihm in die Augen sehen, während er starb.

Bei einem Fechtkampf fließt heutzutage – jedenfalls, wenn alles gut geht – kein einziger Tropfen Blut. Ein moderner Fechtsportler trainiert nur, um Wettkämpfe zu gewinnen. Aber in der Bronzezeit gab es keine gepolsterten Anzüge oder Gesichtsmasken, und Schwertfechten war lebensgefährlich. Zwar gab es Schilde aus Holz, Leder oder sogar Bronze, aber damit umzugehen ist eine Kunst für sich. In der Bronzezeit trainierten die Leute nicht bloß, um zu gewinnen. Sie trainierten, weil das eigene Leben davon abhing. Und das kann man den Schwertern bis heute ansehen.

Meisterschwertkämpfer

Wissenschaftlerinnen und Wissenschaftler haben die Klingen von Schwertern aus der Bronzezeit mit Mikroskopen nach Kratzern oder anderen Beschädigungen abgesucht. Anschließend haben sie Kopien dieser Schwerter hergestellt und damit viele Bewegungen eines Schwertkampfs nachgemacht. Indem sie danach auch die Kopien unter dem Mikroskop untersuchten, konnten die Forschenden genau sehen, wie die Beschädigungen auf den bronzezeitlichen Schwertern entstanden waren. Man könnte jetzt also einen Kampf exakt so nachstellen, wie er in der Bronzezeit stattgefunden hat!

Und es gab noch mehr Außergewöhnliches zu entdecken. Während der Kämpfe mit den Schwertkopien waren ab und zu große, irreparable Beschädigungen an den Klingen entstanden. Aber auf den bronzezeitlichen Schwertern fanden sich solche Beschädigungen überhaupt nicht. Vor 3500 Jahren wussten die Schwertkämpfer also schon genau, wie sie dafür sorgen konnten, dass nichts mit ihrem Schwert geschah, was nicht repariert werden konnte. Es waren echte Meisterschwertkämpfer.

Für so einen Meisterschwertkämpfer ist sein Schwert wie die Verlängerung seines Armes. Je mehr er trainiert und kämpft, desto mehr gewöhnt er sich an das Gefühl, das Gewicht, die Bewegungen damit. Der Griff passt sich ganz seiner Hand an. Ohne sein Schwert fühlt er sich bald unvollständig. Es wird ein derart wichtiger Teil von ihm selbst, dass er ihm vielleicht einen Namen gibt. Er nennt es beispielsweise nach seinem Lieblingshelden oder seiner Lieblingsheldin aus den Erzählungen, nach einem gefährlichen Tier oder einem Stern am Nachthimmel, der genauso hell glänzt wie die Bronze seines Schwertes. Bestimmt hat es auch ganz berühmte Schwerter gegeben, deren Namen jeder kannte, so wie viel später das mythische Schwert Excalibur von König Artus.

Leben und Tod

So berühmt sie möglicherweise waren, auch Schwerter entdecken wir als Depotfunde wieder. Genau wie andere Bronzeobjekte wurden sie an wasserreichen Orten niedergelegt. Natürlich gilt auch für Schwerter die große Frage: Warum nur wirft man so etwas Wertvolles weg? Wenn ein Schwert beschädigt wird, kann man es reparieren. Wenn es bricht oder man es gar nicht mehr leiden mag, kann man es wie jeden anderen Bronzegegenstand zu etwas Neuem umschmelzen.

Die meisten Schwerter aus Depotfunden weisen eindeutige Gebrauchsspuren auf. Mit ihnen wurde gekämpft, und sie wurden instand gehalten: Manchmal sind die Reparaturen alter Beschädigungen noch zu sehen. Bevor sie ins Wasser gelegt wurden, wurden sie noch ein letztes Mal nachgeschärft. Vielleicht als letztes Zeichen der Ehre, genau wie bei einem Beil.

Manche Schwerter dagegen wurden absichtlich beschädigt, bevor sie im Wasser landeten. Die Klinge wurde verbogen, oder jemand hat mit einem Beil oder einem anderen Werkzeug auf die Bronze eingeschlagen. Diese Schwerter durften nicht mehr verwendet werden, das ist klar. Sie sollten zerstört werden und verschwinden. Als wäre etwas derart Schreckliches damit geschehen, dass es der Bronze für immer anhaften würde, selbst dann noch, wenn man einen unschuldigen Armreif daraus anfertigte.

Nicht alle Schwerter wurden als Niederlegung wiedergefunden. Manchmal liegen sie in Gräbern. Dann wurden sie dem verstorbenen Krieger für das Leben nach dem Tod mitgegeben. Manchmal endeten sie als Schrott. Schwertstücke wurden mit Splittern und Fragmenten von Bronzebeilen, Speerspitzen und Armreifen vermischt. Der Bronzeschmied schmolz diese ganzen Bruchstücke dann wieder zu etwas Neuem um. Aber das fühlt sich doch etwas merkwürdig an, als gehörte es sich eigentlich nicht. Und das ist nicht so verwunderlich. Denn ein Schwert hat mit dem Tod zu tun. Im besten Fall nicht mit dem des Besitzers, sondern dem seiner Feinde. Aber an einer Schwertklinge klebt in dem einen wie dem anderen Fall Menschenblut. Und wahrscheinlich auch mehr als das Blut eines einzigen Menschen.

Dem Strom anheimgegeben

Vielleicht ist das der Grund, weshalb es bei Schwertern noch um mehr geht. Sie werden nämlich besonders in großen Flüssen wie dem Rhein und der Donau wiedergefunden und nicht in Sümpfen und Bächen. Der richtige Ort für ein Schwert ist offenbar schnell dahinfließendes Wasser. Wenn man sich überlegt, was alles mit einem Schwert verübt wurde, ist das auch durchaus logisch. Denn das Wasser in Sümpfen steht. Was an einem Objekt klebt, verflüchtigt sich nach nirgendwo. Ganz anders bei fließendem Wasser! All das Hässliche wird fortgespült, weit fort bis ans Ende des Flusses. Vielleicht sogar bis ans Ende der Welt. Es muss sich gut angefühlt haben, das Schwert eines Mörders oder seines ärgsten Feindes bis zur Unkenntlichkeit zu verbiegen und es dann wegzuwerfen. Und zu wissen, dass der Fluss dessen schreckliche Taten mit sich nimmt.

Und die anderen Schwerter? Die Schwerter, die ehrenvoll behandelt wurden? Die landeten doch auch in großen Flüssen?

Ja, das stimmt. Aber auch die „guten“ Schwerter hatten genug erlebt. Wer weiß, wie viele Menschen sie das Leben gekostet hatten. Wie viel Blut über die Klinge geflossen war. Und selbst wenn das alles nur dem Schutz seines Besitzers gedient hatte, war es dabei doch um Menschen gegangen. Vielleicht war es wichtig, dass selbst die noch so gerechtfertigten Taten vom Wasser mit weggeführt wurden. Diesmal jedoch auf respektvolle Weise. Ein solches Schwert wurde in gepflegtem und völlig intaktem Zustand ins Wasser gelegt.

Natürlich ist keineswegs sicher, dass dies der tatsächliche Grund war, Schwerter in Flüsse zu werfen. Es kann auch um die Entfernung gegangen sein. Meistens lagen die großen Flüsse ein ganzes Stück von den menschlichen Niederlassungen entfernt. Es kann sein, dass der Platz für ein Schwert einfach möglichst weit weg von der bewohnten Welt zu sein hatte. Und doch ... Ein Schwert ist etwas Besonderes. Es balanciert auf dem Rand von Leben und Tod. An der Grenze der diesseitigen Welt und der nachfolgenden, wenn man daran glaubt. Und ein besonderer Gegenstand verlangt eine besondere Behandlung.

Freund oder Feind

Sprichst du manchmal mit deinem Computer, besonders wenn er nicht das tut, was du willst? Oder mit deinem Lieblingsschmusetier von früher, wenn du traurig bist oder umgekehrt etwas Großartiges erlebt hast? Es ist gar nicht so verrückt, ein Ding als mehr anzusehen, als es ist. Ihm einen Charakter zuzuschreiben, eine Persönlichkeit. Jeder macht das. Besonders mit Dingen, die man oft benutzt oder auf die man angewiesen ist.

Und jetzt stell dir vor, du wärst eine Schwertkämpferin oder ein Schwertkämpfer in der Bronzezeit. Wenn es ein Ding auf der Welt gibt, auf das du angewiesen bist, dann ist es dein Schwert. Es hilft dir zu überleben. Dein Schwert ist dein Helfer, dein Beschützer, dein Freund. Es ist kein Ding, sondern eine Person. Jemand, zu dem du sprechen und mit dem du deine Sorgen teilen kannst.

Ein Schwert war mehr als lediglich ein Schwert. Die guten bekamen am Ende ihres Lebens ein schönes Begräbnis, so wie ein Freund oder Verwandter. Und die schlechten? Die mussten zuerst umgebracht werden. Diese Schwerter waren ein Feind.

Tark

„Nein! Hinter dir! Hilfe! Gib acht!“

Die Stimmen tönen alle durcheinander, und die meisten Worte kann ich nicht verstehen. Sie ertrinken in Geschrei und anderen Geräuschen, die ich lieber nie gehört hätte, hätte ich eine Wahl gehabt. Es riecht nach Blut, Schweiß und allem, was sonst noch aus einem Menschenleib herauskommen kann, vermischt mit dem Geruch von Schlamm. Über allem liegt ein roter Schleier. Ich sause durch die Luft, schneide durch Bronze und Leder, jemand schreit, ich fühle Fleisch, noch mehr Blut, ich treffe auf Knochen …

Wo bin ich?

Die schrecklichen Geräusche sind verschwunden, der rote Schleier ist weg. Ich rieche Gras, Blumen und Wasser. Das Wasser höre ich auch. Es fließt, rauscht und braust. Über mir ist der Himmel blau. Einige weiße Wölkchen treiben darin.

Jemand hält mich locker in der Hand. Er kniet im Gras und inspiziert mich. Er summt eine Melodie, die ich gut kenne. Das tut er immer, wenn er mich schleift. So kommen wir zur Ruhe, er und ich. Tark, der Krieger. Mein Krieger.

„Heute wird ein schöner Tag“, sagt er.

Tark lässt mich über den Schleifstein gleiten, der vor ihm liegt, erst meine eine Seite, dann die andere. Er arbeitet in großen Bögen. Es fühlt sich immer gut an, nachgeschärft zu werden. Die fließenden Bewegungen, der raue Stein, Tarks Finger, die prüfen, ob ich scharf genug bin ... Manchmal lasse ich sein Blut hervortreten, und dann grinst er zufrieden, woraufhin er sich den Finger in den Mund steckt, um sein Blut aufzusaugen.

„Heute wird ein schöner Tag", sagt er wieder. „Und danach können wir ruhen, du und ich."

Ruhen. Wie das wohl sein wird? Es klingt gut. Ich denke nur, dass ich nicht zum Ruhen geschaffen bin. Wir haben noch nie geruht, Tark und ich.

Zack! Ich beiße tief ins Holz. Es ist das erste Mal, dass Tark mich in der Hand hält. Er ist noch jung. Ihm gegenüber steht ein Mann mit einem Schild. Er lacht, und ich sehe, wie Tarks Wangen vor Scham glühen. Aber der Mann ist nicht unfreundlich.

„Immer mit der Ruhe, Tark, nicht zu feste!", sagt er. „Du musst dein Schwert auch wieder schnell herausbekommen, sonst wäre es jetzt um dich geschehen."

Der Mann hat recht. Tark reißt und zerrt an mir, aber es gelingt ihm nicht. Es dauert viel zu lange. Sein Gegner hätte reichlich Zeit, ihn einen Kopf kürzer zu machen.

„Hier, lass mich mal", sagt der Mann.

„Nein", ruft Tark, „ich tue es selbst!"

So haben wir angefangen, Tark und ich. Letztendlich hat er es geschafft, mich loszukriegen. Ich komme plötzlich frei, und als er rückwärts stolpert, reflektiere ich das Sonnenlicht in seinen Augen. Er grinst. Ich gehöre ihm, und er gehört mir. Die Unterrichtsstunden scheinen kein Ende zu nehmen,

aber so lernen wir einander kennen. Mein Holzgriff wird glatt und dunkel von der Reibung mit Tarks Hand. Er wächst. Als Krieger und als Mann. An dem Tag, als wir zusammen in die weite Welt aufbrechen, weinen seine Eltern beide. Vater und Mutter lieben ihn und ängstigen sich wegen allem, was ihm zustoßen kann. Aber Tark und ich haben keine Angst. Beißer nennt er mich. Aber er ist derjenige, der beißt. Ich bin lediglich sein langer, scharfer Zahn.

Tark hält mich hoch, und ich fange das Sonnenlicht ein, genau wie damals.

„Perfekt!“, ruft er.

Er springt auf und lässt mich durch die Luft sausen, ein, zwei, drei Mal. Ich summe, und Tark lacht. Dann setzt er sich wieder.

„Ich werde dich vermissen“, sagt er.

Menschen stehen um uns herum. Sie bilden einen Kreis, sind dicht zusammengedrängt, und in der Mitte stehen wir. Das hier ist unser erster Zweikampf. Es ist kein Kampf um Leben und Tod. Wer das erste Blut fließen lässt, gewinnt. Eine kleine Wunde genügt schon. Dennoch umklammert Tark mich viel zu fest. Ich spüre die Anspannung in seinen Händen.

Uns gegenüber steht jemand, den wir nicht kennen. Er wirkt entspannt, aber er sieht ja auch aus, als hätte er das hier schon öfter getan. Der Kampfrichter, der beurteilen wird, ob wir uns an die Regeln halten, steht mit erhobener Hand da. Wenn er sie sinken lässt, müssen wir anfangen. Das Warten scheint endlos, und wir zittern vor Aufregung und Erwartung. Jetzt senkt sich die Hand!

Der Gegner ist schnell, macht sofort einen Ausfall, aber Tark wehrt den Angriff ab. Ich bebe von dem Schlag, Bronze gegen Bronze. Das andere Schwert ist länger als ich, darauf muss Tark achten. Er muss sich lockerer bewegen. Aber Tark ist angespannt. Er will unbedingt gewinnen. Er holt aus, doch der Mann ist schnell mit seinem Schild. Ich beiße tief ins Holz, etwas zu tief, und unser Gegner ergreift seine Chance. Sein Schwert sticht am Schild vorbei und trifft Tark in den Arm. Blut fließt. Wir haben verloren.

„Das waren noch Zeiten", seufzt Tark.

Er denkt an das Gleiche wie ich. Unseren allerersten Kampf, bei dem wir auch unseren allerersten Fehler wiederholten. Hinterher schämte Tark sich so sehr, dass er daran dachte, aufzuhören und zu seinen Eltern zurückzukehren, um dort bis zu seinem Tod Ackerbau zu betreiben. Jung war er noch, und feurig. Natürlich ging er nicht zurück. Der nächste Kampf erwartete uns bereits. Diesmal standen die Götter auf unserer Seite, und wir gewannen. Das Leben war gut, selbst noch mit Narben. Denn man kann nicht immer gewinnen.

„Hallo, Opa!", sagt jemand.

Tark zuckt zusammen, als die kleine Hand seine Schulter berührt. Er wird alt. Früher war er immer auf der Hut. Niemand konnte sich ihm nähern, ohne dass er es wusste. Aber jetzt lächelt er seine Enkeltochter an und legt seine Hand auf ihre. Sie ist als Erste da, aber noch viel mehr Menschen werden kommen. Sie kommen, um mich verschwinden zu sehen. Sie kommen, um Tark, den Krieger, zu verabschieden.

„Wie schön Beißer wieder ist", sagt das Mädchen und streckt ihre Hand aus, um mich zu streicheln, wie sie es schon öfter getan hat. Aber jetzt hindert Tark sie daran.

„Nicht", sagt er. „Sonst hört das Putzen nie auf. Keine Kinderhändchen mehr."

„Aber ich will es noch einmal durch die Luft schwenken!", schmollt das Mädchen.

Auch das wäre nicht das erste Mal. Tark ist weich geworden. Früher durfte niemand mich auch nur berühren. Es fühlt sich immer merkwürdig an, es stimmt nicht, selbst wenn es nur ein Augenblick ist. Aber er hat eine Schwäche für seine Enkelin. Und wie ich schon sagte, er wird alt.

„Tut mir leid, Mädchen", antwortet Tark. „Beißer und ich haben zusammen viel erlebt. Wir müssen noch ein wenig in Ruhe miteinander reden."

Nicht alles, was wir taten, war so sauber wie ein Zweikampf. Nein, längst nicht alles ...

Es dämmert schon. Wir sind zusammen mit einem Händler und seiner Ladung Bronze unterwegs nach Norden. Alter Bronze zum Einschmelzen, aber auch Waffen und Schmuck. Wir sind in Kanus über Flüsse gefahren, haben Träger gehabt, die die Bronze in schweren Säcken auf dem Rücken transportierten.

Jetzt haben wir einen Karren. Tark geht nebenher, immer auf der Hut. Seine Aufgabe ist es, die Ladung zu bewachen.

Im Unterholz bewegt sich etwas. Er kann es nicht sehen, sondern nur hören. Es kann ein Tier sein, aber auch etwas anderes. Er traut der Sache nicht. Er hat mich schon in der Hand, bereit, mich zu gebrauchen. Dann geht es schnell. Finstere Gestalten greifen uns an. Sie treten, beißen und kratzen. Tark kämpft mit ihnen, aber es ist eine List. Von hinten saust ein Knüppel auf seine Schulter, und jemand umklammert seinen Hals. Er brüllt und wirft seinen Angreifer von sich ab, und danach schmecke ich Blut. Viel Blut. Es ist ebenso schnell vorbei, wie es begann.

Keuchend blickt Tark um sich. Manche Angreifer sind geflohen, aber die meisten liegen stumm und reglos auf dem Boden. Neben einer der Leichen kniet er nieder. Es ist ein Mann. Nein, ein Kind. Ein Junge, schmutzig und ausgemergelt. Tark geht weiter. Die Toten sind ausnahmslos Kinder; Jungen und Mädchen. Sie müssen verzweifelt gewesen sein vor Hunger. Und wir haben sie niedergemacht, abgeschnitten vom Leben wie eine Sichel, die durch Getreidestängel schneidet. Tark schluckt. Er will sie begraben. Er will etwas tun, um es weniger schlimm zu machen, egal was. Aber der Händler auf dem Karren sagt Nein. Er will weiter, die Reise fortsetzen, als wäre das hier nie geschehen. Tark fügt sich. Er kann nicht anders, der Händler bezahlt ihn, er steht in seinem Dienst. Aber Tark vergisst nicht, was er getan hat. Und er wird es sich nie verzeihen.

Einer nach dem anderen kommen die Menschen zum Fluss; Freunde, Verwandte und Nachbarn. Alle kennen Tark. Manche sind selbst auch Krieger und haben weite Wege zurückgelegt, um heute hier sein zu können. Sie sind schon einige Tage da und schlafen in den Ställen von Tarks Haus. Die Kühe stehen draußen, also ist Platz genug. Tark freut sich, dass sie da sind. Das hier ist ein bedeutender Moment. Der Moment, an dem ihm vergeben werden wird. So empfindet er es. All das Blut wird weggewaschen.

Die Menschen um uns reden und lachen leise. Geschichten werden ausgetauscht, von Tark und von mir, Beißer, seinem treuesten Freund. Zusammen haben wir alles getan, alles gesehen. Aber Tark lassen alle in Ruhe. Jeder weiß, wie schwer das hier ist. Jeder weiß, wie schwer es ist loszulassen. Sie geben ihm Zeit. Zeit mit mir. Unsere letzten Augenblicke zusammen. Das Stimmengewirr umwogt uns. Immer lauter wird es. Sein Ton ändert sich. Das Schreien beginnt. Es klingt wie damals.

Ich schmecke Blut. Es bedeckt mich, ich bin tropfnass davon, genau wie Tarks Hand. Er sieht aus wie ein böser Geist. Keuchend blickt er um sich. Überall sind Menschen. Ein Pfeil saust knapp an seinem Kopf vorbei, und er duckt sich weg. Er steht bis zu den Fußknöcheln im Schlamm, der rot ist vom Blut und an seinen Füßen saugt. Er ist müde. So müde. Aber aufhören geht nicht. Es bleibt noch eine einzige Chance.

„Stromabwärts!", schreit er. „Stromabwärts! Folgt mir!"

Er rennt weg von der Brücke, wo alles begann, wo wir von den Kriegern am anderen Ufer überfallen wurden. Es war die Gruppe, die wir eigentlich überfallen sollten, aber sie waren uns zuvorgekommen, hatten gewusst, dass wir kommen. Wir waren mehr, aber sie hatten die Überraschung auf ihrer Seite, das hohe Schilf, ihre Pfeile und Bögen. Bevor wir verstanden, was passierte, lag ein Teil unserer Männer schon stöhnend am Boden. Nicht mehr darüber nachdenken. Überleben müssen wir.

Tark sammelt einige Männer um sich, muss aber noch mehr zurücklassen. Sie sind tot oder verwundet, sie stöhnen, sie flehen, aber wir können nichts tun. Von allen Seiten kommen Knüppel, Beile, Schwerter, Pfeile. Den Mann, der uns hierfür bezahlt hat, uns bezahlt hat zu kämpfen, habe ich schon lange nicht mehr gesehen. Vielleicht ist er tot. Vielleicht ist er geflohen. Es kann uns gleich sein. Wir wollen nur noch überleben. Ich will nicht, dass Tark zu einem der jammernden Männer auf dem Boden wird, aus Wunden blutend, die nie mehr heilen. Wir rennen weiter, und wir kämpfen.

Gedankenlos kratzt sich Tark an der Braue über dem Auge, das er nicht mehr hat. Nie wieder haben wir einen solchen Kampf, ein solches Schlachtfeld erlebt. Es dauerte lange, bis Tarks Augenhöhle verheilt war, und noch länger, bis er sich daran gewöhnt und gelernt hatte, mit nur einem Auge zu kämpfen. Doch immer erinnerte es ihn an das Gefühl, geschlagen worden zu sein, an das langsame Erwachen im Schlamm, an die Schmerzen und die Blindheit. An die Toten um ihn herum. Und die Sieger, die etwas weiter weg nach Wertvollem suchten: nach Speerspitzen und Schwertern, nach allem aus Bronze.

Sie treten und zerren. Manchmal hört man sie lachen, dann wieder das Geräusch von einem Gnadenschlag. Tark verharrt still und verbeißt sich den glühenden Schmerz in seinem Auge, die brennenden Stiche im Kopf. Er wartet, bis er sicher sein kann, dass keiner ihn sieht. Und dann, langsam, ganz langsam, kriecht er weg. Stückchen für Stückchen. Die ganze Zeit bin ich bei ihm. Er hatte mich umfasst, als er stürzte, und in seiner Hand blieb ich, als wäre ich an ihm festgewachsen. Auch jetzt hält er mich immer noch fest. Wir kriechen, wir rutschen, sinken weg in dem aufgeweichten Boden. Wir berühren fremde

Arme und Beine, manchmal ohne Leib daran. Wir blicken in starrende, leere Augen. Aber wir entkommen. Wir überleben.

„Es ist Zeit“, sagt Tark dann. „Ja, Beißer, es ist Zeit.“

Er erhebt sich, und die Menschen verstummen langsam. Sie machen Platz für ihn, für uns, während wir langsam nach vorn schreiten, ans Flussufer, wo das Wasser zu Tarks Füßen schwappt. Tark lächelt, und alle tun es ihm gleich, mit leichtem Kopfnicken und sanften Blicken. Neben einem Mann mit einem dunklen Mantel und langen, leicht in der Frühlingsbrise wehenden Haaren machen wir halt. Er steht auf der Seite von Tarks gutem Auge. Wie es sich gehört.

Die Menschen bilden einen Halbkreis um uns, und der Mann beginnt zu sprechen. Ich höre nicht zu, und ich glaube, Tark ebenfalls nicht. Er blickt nach unten, zu mir. Dann legt der Mann mit dem Mantel seine Hand auf Tarks Schulter und nickt. Tark seufzt. Ich wünschte, ich könnte das auch. Ich will nicht Abschied nehmen. Plötzlich bangt mir vor dem, was kommen wird. Was bin ich noch, wenn ich gleich unter Wasser liege?

Tark hebt mich hoch über sich, und ich glänze in der Sonne. Der Mann mit dem Mantel hält meine Scheide in die Höhe, die Scheide aus Holz und Leder, in der ich immer an Tarks Gürtel hing und schlief, wenn ich nicht benötigt wurde. Jetzt werde ich für immer schlafen. Ganz kurz zögert Tark, ich kann es spüren, aber dann schiebt er mich in die Dunkelheit zwischen Holz und Leder. Er lässt mich los. Es tut weh. Wenn ich schreien könnte, würde ich es tun. Wir waren eins. Doch jetzt nicht mehr.

Ein Kuhhornsignal ertönt, drei kurze Stöße, und der Mann mit dem dunklen Mantel sagt etwas. Seine Stimme klingt weit weg. Dann fühle ich, wie er sein Gewicht verlagert, seine Muskeln spannt. Ich fliege durch die Luft, aber ohne eine Hand, die mich führt, ganz allein, und für einen Augenblick bin ich frei, bevor ich das Wasser berühre. Ich sinke nicht sofort. Das Holz der Scheide lässt mich noch kurz auf dem Wasser schwimmen. Wieder höre ich die Hörner trompeten. Ein Plumpsen am Uferrand. Natürlich. Auch Tark muss gereinigt werden. Aber er taucht wieder auf. Ich nicht.

Ich sinke. Die Strömung lässt mich wie ein Herbstblatt hinabschweben. Ich fühle, wie das Wasser zwischen mich und das Holz dringt. Es ist kalt, nicht warm wie Tarks Hand oder das Blut seiner Feinde. Es stimmt nicht. Es ist nicht gut. Aber dann, ganz langsam, fühle ich es. Das Wasser kriecht über mich hinweg, dringt in meine Poren. Und es nimmt alles mit sich. Alles Blut, allen Schmerz, allen Tod. Ich werde leichter, obwohl ich sinke. Der Grund des Flusses heißt mich willkommen. Sanft lande ich darauf. Das Wasser spült und strömt immer weiter. Ich entspanne mich. Jetzt kann ich schlafen. Jetzt kann ich vergessen. Für immer.

6

Magische Bronze

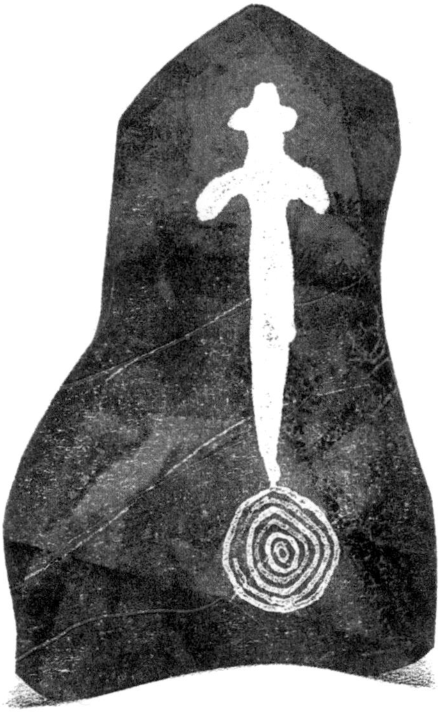

Schwerter sind mehr als bloße Gebrauchsgegenstände. Alles Mögliche haftet ihnen an, Heldengeschichten ebenso wie Blut. Genau wie Bronzebeile könnte man auch Schwerter als Bücher der Bronzezeit bezeichnen. Denn der Besitzer eines solchen Schwertes wird die

Geschichten darüber nicht für sich behalten haben. Er hat sie seinen Kampfgefährten am Feuer erzählt oder den Verwandten, bei denen er zu Gast war. Diese erzählten die Geschichten ihrerseits weiter. Und die Feinde der Krieger? Sie erzählten zweifellos auch Geschichten über ihn. Allerdings ganz andere.

Die Kunst des Gießens

Bronze zu gießen ist schwierig. Wer etwas wirklich Schönes herstellen will, muss sehr viele Dinge bedenken. Zuallererst ist es wichtig zu wissen, wie viel Zinn man seinem Kupfer hinzufügen will. Das bestimmt, wie hart und zäh die Bronze sein wird, aber auch ihre Farbe.

Auch die verwendete Gussform ist sehr wichtig. Je präziser diese gefertigt ist, desto schöner ist am Ende der Bronzegegenstand. Möchte man etwas nachmachen, das es schon gibt, kann man das Original selbst als Modell in zwei Tonblöcke drücken: die eine Hälfte in den einen Block, die andere Hälfte in den anderen. Für etwas ganz Neues muss zuerst ein Modell aus Holz gemacht werden, das auf dieselbe Weise in den Ton gedrückt wird. Die zwei Hälften der Form müssen anschließend gebrannt und damit gehärtet werden. Dann werden sie fest zusammengebunden. Es darf keine Lücken zwischen ihnen geben, denn sonst entweicht dort die Bronze, und die ganze Arbeit war umsonst.

Eine Gussform aus Stein ist viel schwieriger herzustellen. Dazu muss der Bronzeschmied auch noch ein guter Bildhauer sein. Ist er das, eignet sich eine steinerne Gussform sehr gut. Der Stein erlaubt ein sehr genaues Arbeiten, die Formen und Linien können schärfer gezogen werden als im Ton. Und im Gegensatz zu einer Form aus Ton kann eine Gussform aus Stein auch mehrmals verwendet werden. Die Tonform dagegen wird zerschlagen, um die Bronze herauszulösen.

Nicht jeder konnte also einfach so Bronzeschmied werden. Das musste man richtig lernen. Und selbst dann waren nicht alle Bronzeschmiede gleich gut. Das ist zum Beispiel bei den Schwertern zu sehen: Manche sind deutlich schöner, besser gemacht oder stärker als andere. Aber nur ein Schwert kann das allerschönste sein. Und das ist das Schwert von Ommerschans.

Ein Meisterwerk

Ein ziemlich eigentümlicher Name: das Schwert von Ommerschans. Aber er lässt sich leicht erklären. Ommerschans ist ein kleines Dorf im Norden der niederländischen Provinz Overijssel. Dort in der Nähe wurde das Schwert vor mehr als einhundert Jahren gefunden. Es lag auf einem Bett aus dünnen Baumstämmen im Moor, das vor mehr als 3000 Jahren ein Sumpf gewesen sein muss. Und es lag da nicht allein. Auf ihm und um es herum lagen siebzehn Objekte: kleine Meißel und Werkzeuge aus Feuerstein, Nadeln, Bronzestücke und etwas, das einem Rasiermesser ähnelt.

Nirgendwo sonst wurde jemals ein Schwert zusammen mit derartigen Objekten gefunden. Sie machen das Schwert von Ommerschans also schon gleich zu etwas Besonderem. Aber das ist sicher nicht alles. Ein Blick auf das Schwert genügt: Die Klinge ist ausgesprochen schön verziert. Aus der Nähe betrachtet sieht man erst richtig, wie scharf die Linien sind, wie genau gearbeitet und wie perfekt symmetrisch. Würde dir jemand sagen, das Schwert wäre erst gestern gemacht worden, du würdest es glauben.

Auch heute gibt es immer noch Menschen, die Bronze genauso wie vor 4000 Jahren gießen. Sie helfen Archäologen durch ihre Experimente, um herauszufinden, wie die Bronzeschmiede früher gearbeitet haben. Aber das Schwert von Ommerschans nachzumachen schaffen sie nicht. Selbst nicht mit etwas Trickserei durch den Einsatz moderner Techniken. Die Kopien sind viel weniger schön. Derjenige, der das Schwert von Ommerschans gemacht hat, war ein wirklicher Meisterschmied.

Auch die Maße des Schwertes sind auffällig. Es ist fast siebzig Zentimeter lang und neunzehn Zentimeter breit, und es wiegt ganze drei Kilogramm. Ein Riesenschwert also! Ein normales Schwert aus der damaligen Zeit ist ein Stück kürzer und nur an die vier Zentimeter breit. Das ist ein riesiger Unterschied. Versuche nur mal, mit einer Hand drei Pakete Zucker hochzuheben. Das ist ganz schön schwer. Dazu hängt bei einem Schwert der Großteil des Gewichts auch noch weiter vorn, was es noch schwieriger macht, es hochzuhalten. Ganz zu schweigen davon, es durch die Luft zu schwenken! Niemand würde das können. Selbst nicht der muskulöseste, breiteste, stärkste Krieger, den du dir vorstellen kannst.

Daneben fehlt dem Schwert auch etwas, und zwar etwas sehr Wichtiges. Es besitzt gar keinen Griff! So lässt es sich doch kaum halten. Nun kommt es öfter vor, dass ein Schwert ohne Griff gefunden wird. Das liegt daran, dass dieser aus Holz oder Knochen gefertigt

war, was meistens vermodert, wenn es lange im Erdboden liegt. Was man bei solchen Schwertern aber immer vorfindet, sind kleine Löcher. Manchmal enthalten diese sogar noch die Bronzenieten, mit denen der Griff an dem Schwert befestigt war. Das Schwert von Ommerschans aber hat keine Löcher. An ihm hat sich nie ein Griff befunden. Und das ist ziemlich verrückt. Denn gerade der Griff verbindet einen mit seinem Schwert. Das ist der gute Teil, der für einen selbst. Die kalte, scharfe Bronze der Klinge ist für den Feind.

Aber selbst das stimmt bei dem Schwert von Ommerschans nicht. Denn es wurde nie geschärft. Die Seiten, mit denen man eigentlich schneiden und stechen können sollte, sind völlig stumpf. Das Schwert war also nie dafür gedacht, damit zu kämpfen.

Eine Sechserfamilie

Das Schwert von Ommerschans ist keine Waffe. Es ist ein Schwert, das kein Schwert ist. Und es hat fünf Geschwister, die eigentlich haargenau gleich aussehen. Zwei wurden in England gefunden, zwei in Frankreich und dann noch eins in den Niederlanden, bei dem vormaligen Dorf Jutphaas in der Provinz Utrecht. Das letztgenannte Schwert – das Schwert von Jutphaas – ist das einzige, das deutlich von den anderen abweicht. Mit einer Länge von etwas mehr als vierzig Zentimetern ist es nämlich viel kleiner als die übrigen. Eines der englischen Schwerter, das ansonsten eine sehr starke Ähnlichkeit mit den übrigen großen Schwertern aufweist, wurde schon zusammengebogen, bevor es in der Bronzezeit ins Wasser gelegt wurde.

Alle sechs Riesenschwerter haben die gleichen Verzierungen. Sie besitzen keine Löcher für Griffnieten und sind nicht scharf. Alle Schwerter haben gleich viel Zinn in der Bronze. Sie ähneln sich dermaßen, dass man fast annehmen möchte, wenigstens die fünf großen Schwerter entstammten ein und derselben Gussform. Kleine Unterschiede jedoch zeigen, dass das nicht stimmt. Aber es kann fast nicht anders sein, als dass sie von ein und demselben Bronzeschmied hergestellt wurden, so schön und gut gemacht sind sie, und so sehr ähneln sie einander. Jedes Schwert ist eine fast perfekte Kopie des anderen.

Von vier Schwertern ist gesichert, dass sie an einem wasserreichen Ort in freier Natur niedergelegt wurden. Die französischen Schwerter wurden schon vor mehr als einhundert Jahren gefunden, weshalb nicht mehr ganz sicher zu sagen ist, ob sie auch in feuchtem Grund lagen. Aber eigentlich kann man auch hier davon ausgehen: Alle sechs Riesenschwerter wurden in einem Sumpf niedergelegt.

Aber Moment mal, Schwerter landeten doch meistens in Flüssen, oder? Und diese sechs ausgerechnet alle in Sümpfen? Kompliziert!

Aber so kompliziert dann vielleicht auch wieder nicht. Denn mit diesen Schwertern wurde ja nie gekämpft. Sie wurden nie mit Menschenblut befleckt und haben niemanden getötet. Vielleicht gehörten sie deshalb nicht in einen Fluss. Es sind keine echten Schwerter. Sie sind in erster Linie ausgesprochen schön und beeindruckend. Aber wenn man sie sieht, denkt man natürlich doch an Schwerter. An Kämpfe, große Schlachten und kühne Krieger. An Helden und vielleicht sogar an Götter. Wer sonst sollte so ein prächtiges, riesiges Schwert gehabt haben?

Alle sechs Riesenschwerter wurden zufällig gefunden. Bei den Schwertern in Frankreich wissen wir nicht mehr genau, wie, weil der Fund schon so lange zurückliegt. Die Schwerter in den Niederlanden wurden von Menschen bei der Arbeit entdeckt: Bei Ommerschans waren es Grabungen in einem Moorgebiet und bei Jutphaas Baggerarbeiten im Hafen. Die schönsten Geschichten aber kommen aus England. Das Schwert aus Oxborough wurde von einem Spaziergänger entdeckt. Der blieb irgendwo in der Landschaft mit dem Fuß an etwas hängen. Nicht an einer Baumwurzel, sondern an dem Schwert, das ein Stück aus dem Boden schaute. Es geschieht nicht jeden Tag, dass man über ein Riesenschwert aus der Bronzezeit stolpert! Das Schwert aus Rudham wurde von einem Bauern aus der Erde gepflügt. Wie ein Schwert sah es nicht unbedingt aus, woran der Pflug aber nicht schuld war. Schon vor über 3000 Jahren hatte jemand es absichtlich zusammengebogen. Dadurch hatte das Schwert eine sehr eigenartige Form. Aber nicht ganz unpraktisch, meinte der Bauer und benutzte es jahrelang als Türstopper in seinem Stall. Erst elf Jahre später kamen Leute vorbei, die in dem Türstopper ein Riesenschwert erkannten.

Geschichtenerzähler

Heute sind die sechs Schwerter ein wenig matt, dunkel und grünlich. Aber in der Bronzezeit glänzten und leuchteten sie. Sie hatten nicht die rötliche Farbe von Kupfer, sondern die von Weißgold. Je mehr Zinn in ihr steckt, desto weißer wird die Bronze. Schien die Sonne darauf, musstest du die Augen schließen, um nicht von dem Licht geblendet zu werden. Nachts konntest du das Feuer darin tanzen sehen. Es machte das Schwert lebendig. Als würdest du etwas aus einer anderen Welt erblicken, das nicht für menschliche Augen bestimmt war. Und doch konntest du es erkennen; du selbst und die Gruppe um dich herum. Ihr wurdet Zeugen von etwas ganz Besonderem. Und damit begannen die Geschichten ...

Es müssen sehr wichtige Geschichten gewesen sein, die in einem großen Teil von Europa erzählt wurden. Das Leben der Menschen, die in der Bronzezeit in den Gebieten wohnten, die heute die Niederlande, Frankreich und England sind, sah im Vergleich zueinander doch recht unterschiedlich aus. Sie bauten unterschiedliche Arten von Häusern, stellten unterschiedliche Arten von Gefäßen und auch Beilen her. Aber diese sechs Schwerter sind alle gleich. Egal wo man wohnte: Wer ein solches Schwert sah, erkannte es sogleich. Und genau so war es auch beabsichtigt.

Die sechs Riesenschwerter wurden nicht zum Kämpfen gemacht, sondern um etwas zu erzählen. Um gesehen zu werden. Der Bronzeschmied, der sie schuf, wusste das. Alle sechs Schwerter mussten genau gleich aussehen. Sie mussten alle die gleiche Botschaft vermitteln. Dass die Schwerter auf Reisen gingen, war vielleicht sogar beabsichtigt. Vielleicht sollten sie nicht an einem Ort bleiben, sondern immerfort den Besitzer wechseln und so das verbreiten, was sie zu sagen hatten. Damit möglichst viele Menschen sie sahen und ihre Botschaft kennenlernten.

Hab und Gut

Der Eigentümer des Schwertes von Ommerschans besaß also etwas ganz Besonderes. Vielleicht das Wertvollste, was man in der Bronzezeit besitzen konnte. Bronze war ohnehin schon viel wert. Aber ein Riesenschwert? Von denen gab es nur sehr wenige auf der Welt. Das war nicht zu toppen. Na ja, außer vielleicht von einer großen Bronzescheibe, geschmückt mit dem Mond und Sternen in Gold ...

Betrachtet man das Schwert ganz genau, dann sieht man an den Rändern sehr dünne Striche, quer zur Klinge. Sie verlaufen in regelmäßigen Abständen von der Unterseite bis fast zur Spitze. Wer immer die Striche angebracht hat, wollte sie nicht deutlich sichtbar sein lassen, aber offenbar waren sie wichtig genug, sie dennoch anzubringen.

Und was bedeuten sie? Zeigen sie, wie viele Besitzer das Schwert gehabt hat? Oder ist es eine Art Kalender, und steht jeder Strich für einen Zeitpunkt, an dem das Schwert zu sehen war? Vielleicht hat der Besitzer so festgehalten, wie lange das Schwert ihm bereits gehörte. Vielleicht hätte er am liebsten das ganze Schwert vollgekerbt. Aber so weit kam es nicht. Denn wie besonders und wertvoll es auch war, zuletzt landete das Schwert von Ommerschans wie alle seine Geschwister doch im Wasser. Offenbar hat es einen Moment gegeben, an dem es wichtiger war, das Schwert in einem Sumpf zurückzulassen, als es zu behalten.

Die Himmelsscheibe von Nebra ist einzigartig. Zwei Schatzgräber fanden sie 1999 auf dem Mittelberg in Sachsen-Anhalt zusammen mit weiteren Bronzeobjekten: zwei Schwertern, zwei Beilen, zwei Armreifen und einem Meißel. Die Männer verkauften ihre Funde illegal, und erst 2002 konnte die Polizei die Himmelsscheibe sicherstellen – mithilfe eines Archäologen, der so tat, als ob er sie kaufen wollte. Die Bronzescheibe, die wahrscheinlich zwischen 1750 und 1600 vor Christus in Gebrauch war, misst einunddreißig Zentimeter im Durchmesser und wiegt etwa zwei Kilogramm. Sie ist nicht gegossen, sondern geschmiedet, und auf der Bronze – die vielleicht einmal dunkelgolden glänzte, aber jetzt in einem hellen Blaugrün erscheint – sind mit Gold ein Vollmond (oder eine Sonne), ein Halbmond und Sterne eingelegt. Ein Sternenhaufen stellt wahrscheinlich die Plejaden dar, die heute noch nachts am Himmel zu sehen sind. Später kamen zwei goldene Bögen hinzu, einander gegenüber am Rand der Scheibe, danach noch ein dritter Bogen unter (oder über) den Monden. Als Letztes wurden entlang des Randes kleine Löcher eingeschlagen. Die Scheibe wurde mit den anderen Objekten sorgfältig in die Erde gelegt, fast so, als wäre hier nicht ein Gegenstand, sondern eine hohe Persönlichkeit begraben worden. Die Bedeutung der Scheibe ist eigentlich immer noch ein Rätsel. Viele Wissenschaftler sehen darin einen komplizierten Kalender, andere meinen, sie erzähle vornehmlich Geschichten, vielleicht über die Entstehung der Welt. Aber das alles bleibt schwierig, denn es gibt nichts, womit man die Himmelsscheibe vergleichen kann. Manche Wissenschaftler glauben nicht einmal, dass sie aus der Bronzezeit stammt ... Was denkst du?

Es sieht nicht so aus, als ob jemand das heimlich und allein getan hätte. Ein Schwert wie das von Ommerschans lässt niemand einfach unbemerkt verschwinden. Es wurde schon so oft zur Schau gestellt, dass alle wissen, wer es besitzt. Die Leute würden Fragen stellen. Denn das Schwert gehört ja auch ein klein wenig ihnen. Sie sehen es immer wieder und kommen sich dadurch fast selbst wie etwas Besonderes vor. Nein, falls jemand schon vorhat, sich des Schwertes zu entledigen, dann geschieht das in Gesellschaft anderer. Sodass alle von dem Opfer beeindruckt sind, das hier erbracht wird.

Gewiss war sie ein Spektakel, die Zeremonie, die zu diesem Abschied gehörte. Das Schwert von Ommerschans war dermaßen perfekt und beeindruckend, dass sein Verschwindenlassen sich angefühlt haben muss wie ein kurzzeitiges Erlöschen der Sonne. Dieses letzte Mal muss das Schwert in allerschönster Weise geglänzt haben, sodass alle sich das Bild einprägen und sich ihr restliches Leben daran zurückerinnern konnten. Aber alle werden auch die Notwendigkeit verstanden haben, es in einem Sumpf zurückzulassen, einem ebenso unzugänglichen wie unveränderlichen Ort. Die Geschichte des Schwertes musste für immer erhalten werden. Und diese Geschichte erzählte es zusammen mit den übrigen hier niedergelegten Gegenständen. Eine Geschichte von glühender Bronze, von Göttern, Helden und fernen, unbekannten Ländern. Aber auch von dem besonderen Menschen, in dessen Hände dieses Schwert gelangt war und der es jetzt wieder der Natur zurückgab. Und vielleicht den Göttern.

Ein ehrlicher Finder?

Das ist natürlich alles sehr schön und besonders. Aber wenn das Schwert wirklich so viel wert war und so viele Menschen Zeugen waren, als es unter Wasser verschwand, ist dann wirklich niemand auf die Idee gekommen, es zu stehlen? Es brauchte doch nur jemand heimlich und in der Nacht zurückzukommen, um nicht gesehen zu werden, und ein Stück in den Sumpf hineinzuwaten. So tief ist es da nicht, und wo das Schwert liegt, hatte ja jeder gesehen. Eine Kleinigkeit! Zugreifen und nichts wie weg damit.

Gut. Angenommen, du tust das. Du bist der Dieb und hast erst einmal keine Angst, dass die Götter dich strafen. Gehen wir außerdem davon aus, dass niemand dort Wache schiebt. Du kannst also sehr leicht und unbeobachtet an das Schwert herankommen. Glückwunsch! Du hast ein Riesenschwert! Aber was nun?

Du kannst es natürlich für immer versteckt halten, sodass niemand weiß, dass du es besitzt. Aber dann hast du auch nichts davon. Du möchtest, dass der Glanz des Schwertes auf dich abstrahlt. Du möchtest, dass die Leute wissen, dass du reich bist, und dich entsprechend respektieren, genau wie den vorigen Besitzer. Verstecken magst du es also nicht. Sonst hättest du es ebenso gut liegen lassen können.

Es geht also ums Herzeigen. Du kannst immer sagen, du hättest es von irgendwem gekauft oder geschenkt bekommen. Und es gibt sechs an der Zahl. Wieso solltest du nicht eins davon besitzen? Das Problem ist nur: Du warst dabei, als es im Wasser verschwand, genau wie alle Leute, die du beeindrucken willst. Da ist es doch sehr verdächtig, wenn du plötzlich auch so ein Schwert hast. Jemand könnte vielleicht auf die Idee kommen, sicherheitshalber doch einmal nachzuschauen, ob es noch an seinem Platz liegt.

Vielleicht ist es ja besser, du verkaufst es. Aber dann hast du eigentlich das gleiche Problem. Alle wichtigen Leute haben das Schwert ins Wasser sinken sehen. Du müsstest schon sehr weit reisen, um einen Händler zu finden, der nicht mit dabei war. Und vielleicht noch weiter, um auf jemanden zu treffen, der noch nie davon gehört hat.

Also einschmelzen. Dann sieht niemand mehr, was es ist, und du hast dafür eine Menge Bronze! Die ist auch sehr viel wert und viel leichter zu verkaufen. Also wirst du doch noch reich. Aber so einfach geht das nicht. Du musst ein gigantisch heißes Feuer machen, um einen so großen Gegenstand zum Schmelzen zu bringen. Und wahrscheinlich findest du keinen Schmied, der dir dabei helfen wird. Alle wissen, wie die Riesenschwerter aussehen. Alle wissen, was sie bedeuten. Wer würde das wagen? Nein, du steckst fest. Du bist ein Gefangener der Geschichte, die das Schwert erzählt. Natürlich nur, bis sie irgendwann vergessen ist. Aber das dauert lange. Zu lange jedenfalls für einen Dieb in der Bronzezeit.

Ada

Ich träume von meinem vorigen Leben. Natürlich hat nicht jeder das, ein voriges Leben. Darum bewundern die Menschen mich auch so. Jetzt ist alles anders, aber das habe ich auch verdient. Ich brauche nicht viel zu tun. Ich brauche bloß da zu sein. Aber gut aussehen muss ich, das wohl. Das ist sehr wichtig, aber nicht schwer, denn ich bin schon immer schön gewesen.

Geboren bin ich aus Feuer. Nicht irgendeinem unbedeutenden Kochfeuer, nein! Im Inneren der Erde wurde ich gegossen und geschmiedet, von Host selbst, dem Hauptgott und Herrscher über Himmel und Erde. Er schuf sechs von uns, sechs unzerbrechliche Schwerter, eins für jedes seiner Kinder. Für Eser, Sweid und Dakru, seine Drillingstöchter. Für Hok und Huhs, seine Zwillingssöhne. Und für seinen ältesten Sohn Kerd schuf Host mich. Natürlich darf ich nicht sagen, dass Kerd sein Liebling war, aber so ist es. Und so bin ich das schönste von allen. Mit Recht.

In der Welt herrschte Chaos, und Host konnte es nicht länger mitansehen. Er rief seine Kinder zu sich und gab ihnen ein Schwert – obgleich das von Dakru eher ein Dolch war, denn damit konnte sie besser kämpfen, wie sie sagte. Für jedes von uns Schwertern machte Host einen glatten Griff aus Bein. Die Knochen aus seinem eigenen Arm opferte er, damit seine Kinder uns gebrauchen konnten. Und sie klammerten uns fester an die Knochen, als ein Loch und ein Nagel es je gekonnt hätten. Host wollte uns nicht durchbohren. Denn so wie wir waren, waren wir perfekt.

„Die Erde ist jetzt euer", sagte Host zu seinen Kindern. „Bringt Ordnung hinein, und seid glücklich dort."

Mit diesen Worten schickte er sie in die Welt hinaus.

Sie schritten unter den Augen von Sonne und Mond daher. Sechs Götterkinder mit ihren Schwertern. Groß und schön waren wir, wie Götter und ihre Schwerter es sind. Am Anfang waren wir zusammen. Wir reisten über die Welt und sahen Hässliches, aber auch Schönheit. Das Böse, aber auch das Gute. Wir kämpften gemeinsam gegen das Chaos. Allmählich aber trieb es uns auseinander.

Eser, Sweid und Dakru verloren ihr Herz an die Berge. Eser liebte das Hochgebirge, den kahlen Fels und den gezackten Stein, der bis zum Himmel reichte. Sweid verlor sich im Glanz von Eis und Schnee. Dakru blieb in den hohen grünen Weiden, wo Bergziegen und Murmeltiere lebten. Wir verloren uns aus den Augen. Hok und Huhs wurden vom Lied des Meeres und der Flüsse angelockt, von Schiffen und Reisen an ferne, fremde Küsten. Kerd trauerte um seine Geschwister. Er konnte ihnen nicht folgen. Denn er wollte nicht fort aus dem Wald mit seinem flüsternden Laub. Der Wald war sein Zuhause, die Bäume seine Freunde.

Er beschützte seine Wälder mit Leidenschaft. Selbst seine Geschwister verschonte er nicht. Wenn Flüsse über die Ufer traten, weil Huhs meinte, das Wasser bräuchte mehr Raum, kämpfte Kerd mit ihm. Ach, der Klang von Bronze auf Bronze! Nichts ist beeindruckender als zwei kämpfende Götterkinder, nichts hat mehr Kraft und Leidenschaft. Ihre Götterstimmen hallten über die Welt, und Kerd vergoss das erste Götterblut. Sie waren stolz und wild, die Töchter und Söhne Hosts, aber sie töteten einander nicht. Die Flüsse brauchten Huhs und die Wälder Kerd.

Ich erinnere mich des Tages, an dem Eser meinte, Kerd würde ihr zu nahe kommen. Die böse Schwester rückte dem emporkriechenden Wald mit Erdrutschen zu Leibe und ließ die Bäume in gähnenden Klüften verschwinden. Kerd rannte mit mir, seinem gezogenen Schwert, auf sie zu, aber Eser machte es ihm nicht leicht. Felsblock um Felsblock schleuderte sie hinab, sodass Kerd nichts anderes blieb, als ihnen auszuweichen. Er kam keinen Schritt vorwärts. Hinter ihm krachten die Bäume, und als Kerd über die Schulter auf die Verwüstung blickte, wurde er wütend. So wütend, wie ich ihn noch nie erlebt hatte. Er tobte und schrie, hob mich hoch über sich und stürmte vorwärts. Er achtete nicht mehr auf herabfallendes Gestein und schwenkte mich im großen Bogen nach links und rechts … und ich zertrümmerte die Steine! Ein fester Schlag, und sie verwandelten sich in Trümmer. Noch ein Schlag und noch einer! Ich ließ eine Decke aus Gesteinsbrocken auf dem Berghang zurück. Bevor Eser sichs versah, war Kerd bei

ihr. Sie konnte gerade noch ihr eigenes Schwert, meine Schwester, zu ihrer Verteidigung ziehen. Wir trafen aufeinander, und die Welt erbebte. Eser war stark, aber Kerd war stärker. Ich biss in Esers Hand, und ihr Blut fiel zischend auf die Felsen. Erstaunt betrachtete sie ihre Wunde.

„Keine Steine mehr, Schwester", keuchte Kerd. „Lass meine Bäume in Ruhe."

„Na gut", sagte sie. „Aber sie kommen nicht höher als bis hierher. Versprich mir das."

Seitdem wächst kein Baum mehr jenseits der Grenze, die Eser festlegte. Kerd hält sich an seine Absprachen.

Wir streiften umher, Kerd und ich. Er trank aus Moorseen und Tümpeln und lauschte den leisen Stimmen des Waldes. Aber es kamen Menschen. Immer mehr. Sie fällten seine geliebten Bäume, um Häuser zu bauen und Äcker anzulegen. Kerd machte sich Sorgen. Er beschloss, sich unter die Menschen zu mischen, und machte sich klein, damit er nicht auffiel. Er wollte wissen, wie sie waren und was sie dachten, diese kleinen, schwachen Wesen, die in seine Welt drängten. Mit zerschlissener Kleidung und einem breitkrempigen Hut gab er sich als Reisender aus. Denn seine Augen hätten seine wahre Art verraten. Sie glühten wie geschmolzene Bronze. Mich verbarg er unter seinem Hemd.

Wir wurden empfangen und willkommen geheißen entsprechend den Regeln der Gastfreundschaft, wie sie auch für Götter und ihre Kinder gelten. Aber es kamen immer mehr Menschen. Sie schlugen immer mehr Bäume. Kerd fragte sie, warum. Waren ihre Äcker und Weiden noch nicht groß genug? Sie lachten ihn aus und sagten: „Die sind niemals groß genug."

„Und was ist mit Kerd?", fragte er daraufhin schlau. „Es sind schließlich seine Bäume, die ihr da umhackt."

Die Menschen lachten noch lauter.

„Kerd!", sagten sie. „Kerd ist nicht hier. Er schläft. Sprich keinen Unsinn, alter Mann, und lass uns in Ruhe."

Kerd warf seinen Hut und Mantel ab und wuchs, wuchs, wuchs bis zu den Wipfeln der Bäume. Ich lag in seiner Hand, heller glühend als die Sonne.

„Der Wald gehört mir", donnerte Kerd, „und das Land gehört mir! Bisher habe ich euch geduldet. Aber ihr seid respektlos! Undankbar! So seht meine Kraft!"

Er hob die Hand, und um ihn herum regten sich die Bäume. Sie zitterten, sie wuchsen immer schneller und stärker und verschluckten dann die Häuser, Höfe und Äcker. Äste brachen durch Wände, Ranken zogen an Pfählen, Gestrüpp erstickte das Land. Die Menschen flüchteten.

Lange gehörte der Wald wieder Kerd allein. Aber dann kamen die Menschen zurück. Diesmal war es anders. Denn während sie Bäume fällten, flüsterten sie Kerds Namen. Sie brachten ihm Gaben dar. In den Moorseen, aus denen er trank, ließen sie Nahrung für ihn zurück. Die Ernte ihrer Äcker, das Fleisch ihrer Weidetiere, zum Dank, dass er sie in seinem Gebiet duldete. Manchmal brachten sie ihm Bronze. Keine so schöne wie mich natürlich, aber dennoch. Kerd war zufrieden. Und obwohl er jetzt schläft, sieht er ihre Opfer noch immer.

Keiner von uns ist noch bei den Götterkindern. Sie alle schlafen. Bevor sie die Augen schlossen, ließen sie uns für die Menschen zurück, damit diese sie nicht vergaßen. Aber kein Mensch darf uns gebrauchen. Also machte Host uns stumpf und entfernte sämtliche Beschädigungen, die wir im Kampf davongetragen hatten. Danach rief er unsere Griffe zurück, die Griffe, die er aus seinen eigenen Knochen gemacht hatte. Sie ließen uns los und verschwanden in der Erde. Wir blieben liegen, verbreitet über die Welt, wo die Menschen uns fanden und pflegten. Wir gehören jetzt ihnen. Aber einst kommen die Götterkinder zurück. Wenn die Welt sie braucht. Wenn die Menschen ihren Respekt verlieren.

Ich liege schon so lange im Dunkeln, dass ich Zeit habe, über derartige Dinge nachzudenken. Nun ja, ich bin es gewohnt, nichts zu sehen und immer nur dazuliegen, hier in meiner Holzkiste auf meinem weichen Tuch. Ich muss natürlich auch nicht immer zu sehen sein. Denn nein, die Menschen sollen sich nicht an mich gewöhnen! Sie sollen sehnsüchtig nach mir Ausschau halten, sollen miteinander wetteifern, um einen Schimmer von mir aufzufangen, und das geht nur, wenn ich nicht immer da bin. Das versteht Wes sehr gut. Er ist mein Besitzer. Das heißt, eigentlich ist das natürlich Kerd, aber der schläft. Ich muss mich jetzt mit Menschen begnügen. Wobei Wes schon einer der besten ist. Etwas anderes habe ich auch nicht verdient.

Von der Zeit, nachdem ich meinen Griff verlor, weiß ich nicht mehr viel. Ich bin gereist, daran erinnere ich mich noch. Ich bin von Hand zu Hand gegangen. Manchmal sehe ich ein glattes, freundliches Gesicht vor mir, bedeckt mit Schweißtropfen, die zischend in heiße Kohlen fallen. Was merkwürdig ist, denn Host hat mich geschaffen, und er würde niemals schwitzen. Götter tun das nicht. Da ist auch die Erinnerung an Sand und Wasser, an Schmirgeln und Polieren. Aber Host brauchte nur ein Wort zu sprechen, um mich glänzen zu lassen. Ach, wahrscheinlich ist das alles nichts. Diese Erinnerungen sind Bruchstücke, Schemen. Träume wahrscheinlich.

Schon eine ganze Zeit bin ich jetzt allein. Allein in der Dunkelheit bis zum Wechsel der Jahreszeiten, viermal im Jahr. Dann dürfen die Menschen mich sehen. Die Sommersonnenwende steht kurz bevor, der längste Tag des Jahres. Kein Tag, an dem das Licht so schön ist, kein Tag, der besser geeignet wäre, meine Zuschauer zu blenden. Dann rufen sie „oh“ und „ah“ und wollen mich berühren, wagen es aber nicht. So muss es auch sein. Wes darf mich als Einziger anfassen. Er ist auserkoren, wie er es nennt. Jedes Mal, wenn er mich nach draußen bringt, kerbt er einen Strich in meinen Rand. So merkt er sich, wie lange ich schon bei ihm bin, und macht mich sich ein wenig zu eigen. Wenn Kerd davon wüsste, wäre seine Wut unvorstellbar groß. Darum macht Wes die Striche so fein, wie er nur kann, und hofft, dass niemand sie sieht.

Natürlich wird meine Kiste häufiger geöffnet als zu den ersten Tagen von Sommer, Herbst, Winter und Frühling. Meistens ist es Wes, der mich wieder mal bewundern und streicheln will und mir sagen, wie froh ich ihn mache. Manchmal hat er jemanden dabei, einen wichtigen Besucher, den er beeindrucken möchte. Und das gelingt ihm, denn ich bin prächtig. Es gibt nur sechs Götterschwerter auf dieser Welt, deshalb können die Leute sich glücklich preisen, einen Schimmer von mir erhaschen zu dürfen. Wes ist nicht dumm. Er begreift, wie die Welt funktioniert.

Manchmal steht seine Tochter neben ihm. Sie heißt Ada, und sie erinnert mich an Hok und Huhs, die Zwillinge, die das Wasser so liebten. Wie sie hat Ada dunkles, welliges Haar, eine würdige Haltung und einen weisen Blick. Wenngleich Adas Augen nicht die Farbe glühender Bronze besitzen wie die von Hok und Huhs, sondern hellblau leuchten wie das Eis von Sweids Gletschern.

„Irgendwann gehört Sehwol dir“, sagt Wes dann zu seiner Tochter. „Wenn ich nicht mehr da bin, musst du fortsetzen, was ich angefangen habe. Und das geht nur mit Sehwol.“

Ach ja, das hatte ich vergessen. Ich habe einen Namen.

Und zwar einen guten, glaube ich. Ich kann mich nicht erinnern, ob Kerd mich auch so genannt hat. Aber wahrscheinlich schon. Denn welcher Mensch würde es wagen, einem Götterschwert einen willkürlichen Namen zu geben? Doch wohl niemand! Das wäre ungebührlich.

Ich höre Schritte, Geräusche. Es ist Zeit! Die Sommersonnenwende ist endlich angebrochen! Meine Kiste wird geöffnet, und ich sehe einen blendenden Lichtstreif. Sehr gut. An einem sonnigen Tag bin ich in Bestform. Aber Moment mal. Wo ist Wes? Das Gesicht dort über mir ist das seiner Tochter. Neben ihr sehe ich eine mir unbekannte Frau.

„Bist du dir sicher?", fragt die Frau besorgt.

„Ja, Mutter", sagt Ada. „Ich muss eine Tat vollbringen. Nur so werden sie mich an Vaters Stelle akzeptieren. Ich muss zeigen, dass ich stark genug bin und dass wir reich genug sind, um auch ohne Sehwol auszukommen. Genau das muss jetzt geschehen."

Wovon sprechen die beiden? Und wer sind „sie"? Wo ist Wes?

Vorsichtig hebt Ada mich hoch. Ihre Hände fühlen sich glatt und klein an im Vergleich zu denen ihres Vaters.

„Hast du alles?", fragt sie die Frau, offenbar ihre Mutter, und damit auch die Frau von Wes. Ich habe sie nie zuvor gesehen.

Die Frau nickt, aber ihre Augen sind rot, und sie zieht die Nase hoch.

„Alles wird gut, Mama", sagt Ada.

Als sie nebeneinander aus dem Haus treten, langsam und würdevoll, sehe ich, dass viele Menschen da sind. Viel mehr als gewöhnlich bei einer Sonnenwende. Sie stehen entlang des Weges, den Ada entlangschreitet. Sie sorgt dafür, dass ich gut zu sehen bin, dass ich wo immer möglich das Sonnenlicht einfange. Das macht sie gut. Vielleicht ist ja doch alles in Ordnung. Vielleicht steht Wes gleich unter der alten Eiche, wohin er mich immer bringt, wo Tische mit Speisen und Getränken bereitstehen und abends ein Feuer brennt. Wo Menschen singen und ihre Opfergaben in dem nahe gelegenen Sumpf für Kerd ablegen.

Die Menschen folgen Ada und ihrer Mutter. Aber bei der Eiche steht niemand. Wir gehen daran vorbei, ohne hinzusehen. Wir steuern geradewegs auf den Sumpf zu.

Am Ufer ist kaum genug Platz für alle Zuschauer. Manche stehen mit den Füßen im Wasser. Ada dreht sich zu ihnen um und hält mich vor ihre Brust, damit alle mich gut sehen können.

„Wes, mein Vater, ist tot", beginnt sie.

Ist er tot? Was ist geschehen? Wie schrecklich!

„Er fehlt uns", fährt sie fort. „Aber wir müssen auch nach vorn schauen. Mit seinem Blick. Er hat mir seine Welt anvertraut. Ich bin jetzt diejenige, mit der ihr Geschäfte macht. Ihr kennt mich. Ihr könnt mir vertrauen. Vielleicht habt ihr Zweifel. Aber lasst mich euch diese Zweifel nehmen. Lasst mich euch versichern, dass ich im Geist meines Vaters handle. Seht her, Sehwol!"

Sie hält mich hoch, und ein Seufzen geht durch die Menge. Ich weiß, ich bin schön. Ich kann es nicht oft genug sagen. Ich bin betrübt, dass Wes tot ist. Aber so geht das mit Menschen. Obwohl ich es traurig finde. Wes war meiner würdig.

„Heute gebe ich Sehwol an Kerd zurück", fährt Ada fort.

Moment mal, was? Nein, warte mal! Ich muss hier sein, unter den Menschen! Ich bin die Erinnerung an Kerd! Wenn ich verschwinde, vergessen sie ihn!

„Und nicht allein Sehwol", sagt das undankbare Kind, die schlimme, böse Verräterin!

„Alles, was mein Vater aufgebaut hat, alles, was er war und kannte, geben wir mit. Wenn Kerd weiß, wer mein Vater ist, wenn das Land es weiß, werden er und das, was er besaß, nie verloren gehen. Er und alles, was er besaß, wird für immer fortbestehen."

Ein Raunen, nickende Köpfe. Ada tut etwas Unvorstellbares. Bewundern sie sie, oder halten sie sie für verrückt? Ich tue Letzteres. Ich will nicht!

Ada dreht sich zum Wasser, und dann sehe ich es. Meine letzte Ruhestätte ist schon für mich bereitet, ein Bett aus dünnen weißen Baumstämmen schimmert eine Handbreit unter Wasser. Da muss ich hin. Nein, nein, noch nicht, ich bin noch nicht bereit, ich will gesehen werden, nicht das!

Aber Ada hört mich nicht und spürt auch nicht meinen Widerstand. Sie kapiert es nicht. Diese dummen, dummen Menschen!

„Kerd!", ruft Ada. „Nimm entgegen Sehwol, deine Waffe, deine Gefährtin! Sie sei dir zurückgegeben von Wes, dem Sohn Kitas. Erinnere dich seiner und dessen, was er besaß, und bewahre es auf immer für uns!"

Und dann geschieht es. Sie lässt mich sinken! Langsam kommt das Wasser näher. Ich berühre es, es ist kalt und trüb, ich will nicht, ich will nicht! Aber schon bald spüre ich unter mir das Holz, und Adas Hände verschwinden. Ich bin verloren, abgeschnitten von der Sonne, von allem. Wenn ich weinen könnte, würde ich es tun und nie mehr damit aufhören.

Aber Moment mal. Ich bleibe nicht allein. Ich fühle etwas herabsinken. Auf mich und neben mich. Kleine Dinge aus Stein, aus Bronze. Diese Bronze fühlt sich eigenartig an. Sie kommt nicht von dem Ort, woher ich stamme. Aber die kleinen Steine erkenne ich. Bin ich ihnen früher begegnet? An irgendwas erinnere ich mich ganz vage ... Aber ich kann nicht mit ihnen sprechen. Schon bald wird meine letzte Gefährtin niedergelegt. Eine Bronzenadel. Dann kommt das Wasser zur Ruhe, und die Schatten der Menschen verschwinden. Man hat mich zurückgelassen! Mich, Sehwol, das Götterschwert, von simplen Menschen verlassen!

„Kerd!", rufe ich. „Kerd, wach auf, und hol mich hier raus! Host!"

Ich lausche gespannt, aber niemand antwortet mir. Soll ich mich schlafen legen wie sie? Nein!

Vielleicht, wenn die Sonne demnächst auf das Wasser

scheint, vielleicht sieht jemand mich dann hier liegen. Es ist mir gleich, wer es ist, wenn ich nur von hier fortdarf! Ich bin gemacht, um gesehen zu werden. Nicht, um einfach dazuliegen. Nein, ganz und gar nicht.

7

Versenkte Schätze

Begonnen habe ich dieses Buch mit einem Korb voller staubiger Brocken Kupfererz, und sieh doch nur, wo wir jetzt gelandet sind! Bei magischen Riesenschwertern. Hättest du das gedacht? Diese Erzbrocken mit Sicherheit auch nicht. Gerade lagen sie noch schön ruhig in einem Berg, und schon werden sie abgehackt, in eine Form gegossen und erleben lauter Abenteuer. Und kaum haben sie sich ein wenig daran gewöhnt, verschwinden sie einfach so für Jahrtausende im Wasser! Ziemlich daneben, das Ganze, könnte man sagen. Aber ist es das wirklich?

Was ist es wert?

Was ist das eigentlich: ein Wert? Es ist ein kleines Wort, aber mit einer großen Bedeutung. Und sogar mehr als einer.

Zuallererst gibt es den harten Wert, also den Geldwert. In der Bronzezeit bedeutete das in erster Linie den Tauschwert. Etwa: Das hier ist zwei Kühe wert, das da einen Korb Getreide. Das ist ein Wert. Aber es gibt auch noch einen anderen Wert. Und zwar einen, der sich nicht in Geld oder Tauschgegenständen ausdrücken lässt. Zum Beispiel das kleine Silberkreuz von deiner verstorbenen Großmutter, das aus dem ersten Kapitel. Es ist in Wirklichkeit vielleicht nur zwanzig Euro wert. Aber sein nicht greifbarer Wert, der ist sehr viel größer. Würdest du das Kreuz verlieren, wärst du hinterher untröstlich. Als ob du ein kleines Stück von deiner Großmutter verloren hättest.

Bronze besaß vor all den Jahrtausenden den harten und auch den nicht greifbaren Wert. Nachdem das Kupfer und das Zinn aus den Bergen geholt worden und die Bronze daraus geschmolzen und gegossen war, besaß sie natürlich zuallererst den harten Wert. Unweit der Berge, unweit der Minen und der Bronzeschmiede blieb es vielleicht dabei. Aber je weiter entfernt die Bronze auftauchte, desto seltener wurde sie. Und desto mehr kam dieser nicht greifbare Wert ins Spiel, auch schon bevor sie jemandes Großmutter gehört haben konnte. Bronze war sofort etwas Besonderes. Sie erzählte etwas. Und durch das, was im Lauf der Zeit mit ihr geschah, kamen immer noch mehr Geschichten hinzu. Wie durch den Mann, der dem Mädchen, das er heiraten wollte, seine Radnadel schenkte. Oder durch den Sohn des Bauern, der sich an seinem Nachbarn rächen wollte. Durch den Krieger und seine unzähligen Kämpfe. Oder durch die Götter und ihre Abenteuer.

Gehütete Werte

Dinge, die mehr wert sind als lediglich Geld, sind anders. Man behandelt sie in besonderer Weise. Kleidung, die man nicht mehr trägt, verschenkt man oder gibt sie in die Altkleidersammlung. Wenn dein Smartphone zu langsam wird, entsorgst du es womöglich und kaufst dir ein neues. Aber das Silberkreuz deiner Großmutter? Selbst wenn du dich noch so sehr an ihm sattgesehen hättest, du würdest es niemals wegwerfen. Du würdest es auch nicht einschmelzen lassen. Nein, du würdest es aufheben. Notfalls in dem dunkelsten, hintersten Winkel deiner Nachttischschublade, aber aufheben würdest du es. Du weißt, dass es da ist, auch wenn du es nie mehr siehst. Ab und zu denkst du noch mal daran. Und wenn du wolltest, könntest du es ganz einfach wieder hernehmen und tragen. Niemand würde sich wundern, wenn du das erzählst. Jeder würde verstehen, dass du das Kreuz nicht weggegeben hast.

Eigentlich ähnelt das sehr den Niederlegungen, den versenkten Schätzen aus der Bronzezeit. Stell dir vor: Obwohl du dein Schwert, deinen Armreif oder dein Beil ins Wasser gelegt hattest, wusstest du noch genau, wo sie waren. Du hast noch oft daran gedacht. Wenn du es wirklich wolltest, kämst du noch an die Sachen heran. Und jeder, dem du davon erzählen würdest, könnte es verstehen. Jeder würde es für ganz normal halten.

Alle tun es

Überall in Europa ließen Menschen das Wertvollste, das sie besaßen, an Orten mit Wasser zurück. Diese Menschen wohnten oft so weit voneinander entfernt, dass sie sich nie gesehen oder gesprochen haben können. Selbst nicht indirekt über andere. Dennoch wurde es überall getan. Als könnte es nur so und nicht anders sein! Vielleicht kann man es so sehen: Jedes Jahr, wenn es Herbst wird, werden manche Menschen trübsinnig. Dafür fallen einem natürlich allerlei Ursachen ein: Es gibt weniger Tageslicht, das Laub verfärbt sich und fällt von den Bäumen, der Winter steht vor der Tür. Aber das Außergewöhnliche ist: Die Menschen haben nicht alle miteinander vereinbart, deswegen Trübsal zu blasen. Sie kennen sich untereinander nicht. Es geschieht einfach überall auf der Welt, und zwar aufgrund der äußeren Umstände.

Dasselbe muss auch für die Niederlegungen gegolten haben. Die Bronze selbst, aber auch das ganze Drumherum sorgte offenbar dafür, dass Menschen überall das Gleiche taten: schimmernde Schätze in nasskalten Sümpfen zurücklassen. Und es war nicht nur ein Zurücklassen. Die Objekte wurden nicht einfach so ins Wasser geworfen. Vielmehr wurden sie vorher – abhängig von der Art und dem, was alles damit geschehen war – auf die richtige Weise behandelt. Sie wurden zum Beispiel noch einmal geschärft oder im Gegenteil zerstört. Nicht immer in einen Sumpf gelegt, sondern manchmal in einen Fluss. Jedes Objekt hatte eigene Regeln, die befolgt werden mussten. Erst dann durfte es verschwinden.

Ein festes Rezept

Unter welchen Bedingungen könnten Niederlegungen für alle das Normalste von der Welt geworden sein? In der Steinzeit begann es eigentlich schon mit schönen, großen Steinbeilen, die die Menschen in Sümpfen niederlegten. Aber erst in der Bronzezeit machten sie richtig Ernst damit, und es geschah viel öfter. Hatten Bronze und die Steinbeile vielleicht etwas gemein?

Die Antwort auf diese Frage lautet: ja. Genau wie Bronze waren die großen Beile selten, und sie kamen von weit her. Der Handel mit diesen Beilen war vielleicht noch nicht so verbreitet gewesen. Aber der Handel mit Bronze nahm schon sehr bald in einem großen Umfang zu. Bronze war zwar noch immer etwas Besonderes und Seltenes, aber sie gelangte überallhin.

Gleichzeitig wuchs die Zahl der Menschen, und es entstanden verschiedene Gruppen. Verwandtschaftliche Gruppen beispielsweise oder Menschen, die sich ein Stück Land für den Ackerbau teilten. In diesen Gruppen hatten bestimmt nicht alle gleich viel zu sagen. Es entstand also Ungleichheit. Diese wurde nochmals verstärkt durch den Bronzehandel, der manche Menschen oder Gruppen reich machte und andere nicht. Bronze hing mit Macht und Bedeutung zusammen, und alle erkannten das.

Auch die Natur spielte eine wichtige Rolle. In der Bronzezeit begannen Wälder zu verschwinden, weil Menschen Bäume rodeten, um ihre Häuser zu errichten und Äcker anzulegen. So entstanden offene Heideflächen, auf denen die Schafe grasten und die Toten begraben wurden. Das war die bekannte Welt, ein Zirkel um das eigene Haus, in dem man sich sicher fühlte. Aber außerhalb dieses Zirkels war es wüst und wild. Genau an der Schnittstelle dieser beiden Welten, der bekannten und der unbekannten, ließen Menschen ihre Bronze zurück.

Damit haben wir ein Rezept. Denn das sind die Zutaten, die es braucht, um Menschen zu Niederlegungen zu veranlassen! Man braucht ein seltenes Material, das von weit her kommt, Menschen, die sich miteinander verbunden fühlen, aber nicht alle gleich sind, und eine Umgebung mit hier und da noch wilder Natur.

Wissen wir denn jetzt auch, was die Menschen dachten und wie genau der Ablauf bei den Niederlegungen gewesen ist? Nein, das nicht. Aber weil wir diese Zutaten kennen, können wir Vorhersagen treffen, wo sich solche Niederlegungen befinden. Je mehr solcher Depotfunde wir untersuchen können, desto mehr Informationen gewinnen wir. Und dann können Professor David Fontijn und sein Forscherteam wieder eine Menge neue Entdeckungen machen!

Ganz normal oder nicht?

Aber warum ist das alles denn wichtig, fragst du dich vielleicht. Ich weiß jetzt alles Mögliche über Bronze, aber was soll ich damit?

Erstens ist es eine spannende und geheimnisvolle Geschichte. Eine Geschichte, die ich zusammen mit David sehr gern erzählen wollte. Denn wer möchte nicht von glänzenden Schwertern, leuchtenden Schmuckstücken und scharfen Beilen lesen, die man an geheimnisvollen Orten finden kann? Das allein ist schon Grund genug für dieses Buch.

Aber es bringt dich auch zum Nachdenken. Über die Menschen von vor langer Zeit und auch über dich selbst. Auf den ersten Blick erscheinen diese Niederlegungen ziemlich merkwürdig und unlogisch. Aber mittlerweile erkennst du hoffentlich, dass sie das eigentlich gar nicht sind. Für die Menschen in der Bronzezeit war es ganz normal, das zu tun. Sei es, dass sie sich etwas von den Göttern wünschten, sie die der Bronze anhaftenden Geschichten bewahren oder diese im Gegenteil vom Wasser fortspülen lassen wollten.

Angenommen, die Zeitmaschine wird doch noch erfunden. Eine Wissenschaftlerin aus der Zukunft kommt in unsere Zeit, um uns zu erforschen. Sie schaut sich um und sieht uns die ganze Zeit auf kleine Bildschirme starren. An einem Tag im Jahr bezahlen wir alle miteinander sehr viel Geld für Leuchtraketen, von denen in wenigen Minuten nichts mehr zu sehen ist. Und wir gehen zu Tausenden gleichzeitig in ein großes Stadion, um dort zweiundzwanzig Menschen zuzujubeln, die einen Ball von hier nach da treten. Sie würde nicht sofort begreifen, warum wir all das tun, obwohl diese Dinge für uns ganz normal sind. Genau wie es die Niederlegungen in der Bronzezeit waren.

Ein unschätzbarer Wert

Versenkte Schätze spielen in diesem Buch die Hauptrolle. Aber woher wissen wir eigentlich, dass es sie gibt? Genau, durch Ausgrabungen! Indem wir sie wieder aus ihren nasskalten Fundorten hervorholen. Meistens sind diese wasserreichen Orte im Lauf der Zeit trockener geworden und damit keine Sümpfe mehr. Auch Flüsse trocknen aus. Aber immer ist an der Farbe und Zusammensetzung des Bodens zu erkennen, dass dieser früher von Wasser durchdrungen war.

Ich will ehrlich sein: Würde ich bei einer meiner Ausgrabungen ein Bronzeschwert finden, dann würde ich vor Freude einen Luftsprung machen. Dann ruft man sämtliche Kolleginnen und Kollegen herbei, macht Hunderte von Fotos und ruft auch noch die Zeitung an. Man

hat nicht nur Bronze gefunden, sondern ein Schwert. Und dass es eine Niederlegung war, macht es noch außergewöhnlicher.

Der harte Wert eines Bronzeschwerts aus einem Depotfund ist nicht größer als der irgendeines anderen Schwertes aus der Bronzezeit. Der nicht greifbare, der geistige Wert dagegen schon. Das Schwert aus der Niederlegung hat eine zusätzliche Geschichte. Und die ist unheimlich wichtig. Denn sie erzählt uns mehr über die ferne Vergangenheit. Und je mehr wir darüber wissen, desto besser verstehen wir die Welt von heute. Damit können wir vielleicht auch etwas darüber sagen, wie die Welt in Zukunft aussehen wird.

Klingende Münze

Und was ist mit dem harten Wert? Ach, du möchtest über Geld sprechen? Das geht. Ehrlich gesagt weiß ich nicht, was ein Schwert aus der Bronzezeit wert ist. Als Archäologin darf man das, was man gefunden hat, nämlich nicht behalten und erst recht nicht verkaufen. Natürlich nicht! Denn alles, was ausgegraben wird, ist Teil unserer Geschichte. Und diese Geschichte gehört allen.

Das ist nicht immer so gewesen. Sehr viele Menschen haben archäologische Funde in ihrem Besitz. Manchmal muss ein Museum einen Fund, den es haben möchte, also jemandem abkaufen. Als niederländisches Nationalmuseum für Altertümer wollte das Rijksmuseum van Oudheden in Leiden das Schwert von Ommerschans sehr gern haben. Dessen kleine Schwester, das Schwert von Jutphaas, war bereits in Leiden. Das Schwert von Ommerschans gehöre also ebenfalls hierher, meinte das Museum, an einen Ort, wo jede und jeder es sehen kann. Der Eigentümer wollte das Schwert am Ende auch verkaufen, und es landete in einer großen, internationalen Auktion. Dort ersteigerte das Museum es für mehr als eine halbe Million Euro. Jahrtausende nachdem die Bronze in ihre Form gegossen wurde, ist das Schwert von Ommerschans also noch mindestens so wertvoll wie damals. Ob der Bronzeschmied das je gedacht hätte?

Magisches Metall

David und ich haben uns sehr bemüht, die Geschichten zu entdecken, die die Bronze erzählt. Alle Objekte, selbst die Brocken Kupfererz aus den Bergen, haben in diesem Buch eine Stimme bekommen. Aber was sie erzählen, ist natürlich erfunden. Insgeheim hoffen wir, dass eines Tages etwas Magisches geschieht, wodurch wir die echten Geschichten erfahren.

Dann kam ein Moment, an dem wir meinten, es könnte durchaus eine Möglichkeit dazu geben. Im Jahr 2016 gab es im Leidener Rijksmuseum van Oudheden nämlich eine Ausstellung, in der etwas ganz Besonderes gezeigt wurde: Das Schwert von Ommerschans und seine Geschwister waren erstmals seit der Bronzezeit wieder zusammen. Sie standen in einem Halbkreis beieinander, jedes in einer eigenen Vitrine. Man konnte sich mitten in diesen Kreis hineinstellen und hatte alle sechs Riesenschwerter um sich.

Wir schlossen die Augen, um zu lauschen, und als wir sie wieder aufmachten, erwarteten wir eigentlich, dass blaue Blitze aus den Schwertspitzen zucken würden, sich ein Tor zu einer anderen

Welt öffnete oder die Götter der Bronzezeit jetzt vor unseren Augen erschienen. So beeindruckend war es, dort zu stehen. Aber leider geschah nichts von alledem, und natürlich hatten wir das eigentlich auch vorher gewusst. Aber irgendwo ganz tief im Innern hofft man es doch. Selbst als Archäologin und Wissenschaftler.

Bronze ist etwas Besonderes. Sie lässt sich ewig wiederverwenden. Schon vor Jahrtausenden hat sie dafür gesorgt, dass Menschen Macht erlangten und wieder verloren. Sie hat eine ganze Gesellschaft geformt. Und nach all dieser Zeit erzählt sie immer noch Geschichten. Angenommen, Bronze könnte tatsächlich sprechen, so wie in den Geschichten, die du gelesen hast. Würde das Kupfer aus der ersten Geschichte sich dann noch daran erinnern, woher es stammte, selbst wenn es schon eine ganze Weile eine Radnadel oder ein Beil gewesen war? Würden die Erzbrocken sich manchmal noch begegnen, als Metallschrott in einem Korb, genau wie seinerzeit, als sie erstmals aus den Bergen geholt wurden? Würden sie sich wiedererkennen?

Schau dich einmal um. Gibt es da, wo du bist, etwas aus Kupfer? Oder aus Bronze? Darin könnte durchaus Kupfer oder Zinn stecken, das schon in der Bronzezeit aus dem Boden gewonnen wurde. Vielleicht schon vor 4000 Jahren! Womöglich ist es irgendwann ein schöner Armreif gewesen, ein Beil oder sogar ein Schwert. Nimm es mal in die Hand, was es auch ist, und horche genau hin. Vielleicht kannst du die Geschichten jetzt hören.

Wortverzeichnis

A

Ahle Ein längliches spitzes Werkzeug, ähnlich einer dicken Nadel oder einem dünnen Bohrer, zum Vorstechen von Nahtlöchern, durch die später ein Faden gezogen werden kann, um zum Beispiel ein Kleidungsstück herzustellen.

Archäologe Jemand, der beruflich Spuren aus der Vergangenheit ausgräbt und erforscht. Das können Objekte wie Keramik, Geschirr und Waffen sein, aber auch Reste von Pfählen, Gebäudefundamenten oder Vergrabenem sein.

Ausgrabung Archäologische Untersuchung, wobei der Erdboden einer Stätte vorsichtig abgetragen wird, um Spuren aus der Vergangenheit zu entdecken. Alles, was gefunden wird, wird festgehalten und beschrieben. Objekte werden anschließend aus der Erde geholt und woanders weiter untersucht, beispielsweise in einem Labor.

B

Bernstein Das versteinerte Harz von Millionen Jahre alten Bäumen. Bernstein ist oft halb durchsichtig und hat eine gelbe oder braunorange Farbe. Manchmal sind auch Insekten darin eingeschlossen. Er findet sich an den Stränden Nordeuropas und wird schon seit der Zeit der Jäger und Sammler vor mehr als 10 000 Jahren zu Anhängern, Schmuckperlen und kleinen Schnitzereien verarbeitet. Bernstein ist auch heute noch sehr kostbar.

Bronzezeit Der Zeitraum in der Geschichte, in dem Bronze das wichtigste Material zur Herstellung von Werkzeugen war. In Griechenland setzte sie schon um 3000 vor Christus ein, nördlich der Alpen dagegen später: in Mitteleuropa um 2200 vor Christus, in Skandinavien erst um 1800 vor Christus. Abgelöst wird die Bronzezeit von der Eisenzeit (um 1000 vor Christus in Griechenland, um 800 vor Christus nördlich der Alpen).

D

Depotfund Von Menschen an nassen Orten wie Sümpfen und Flüssen hinterlassene wertvolle Gegenstände. Ein Depotfund kann aus einem Objekt oder auch aus mehreren Gegenständen bestehen. Man spricht hier auch von Niederlegungen.

E

Eisenzeit Die Zeit in der Geschichte, in der Eisen das wichtigste Material zur Herstellung von Werkzeugen war. In den Gebieten nördlich der Alpen, also auch im heutigen Deutschland, beginnt die Eisenzeit etwa um das Jahr 800 vor Christus und endet mit der Eingliederung der Gebiete in das Römische Reich. Das geschah zu unterschiedlichen Zeiten, zum Beispiel im Jahr 60, 30 oder 9 vor Christus. Grob gesagt kann man sich das Jahr 0 als Ende der Eisenzeit merken.

Erz Ein metallhaltiges Gestein.

F

Feuerstein Eine glasähnliche Gesteinsart, die besonders in kalksteinhaltigen Böden vorkommt, vornehmlich in Norddeutschland. Der Name Feuerstein rührt daher, dass Funken entstehen, wenn der Feuerstein auf ein Eisen oder einen eisenhaltigen Stein geschlagen wird. Aus Feuerstein wurden in der Vorgeschichte viele Werkzeuge hergestellt.

Fibel Fibeln dienten dazu, Mäntel oder Gewänder zu verschließen. Sie funktionierten ähnlich wie Sicherheitsnadeln und waren bisweilen aufwendig verzierte Schmuckstücke.

G

Gletscher Eine Eismasse an Land, heute meistens in Gebirgen. Gletscher entstehen, wenn sehr viel Schnee fällt, der lange genug liegen bleibt, um zu Eis zusammengedrückt zu werden. Weil Gletscher schwer sind, bewegen sie sich wie ein langsam fließender Fluss. In den Eiszeiten bedeckten Gletscher den Großteil von Nordeuropa und -amerika.

Griff Der Teil eines Schwertes, mit dem es in der Hand gehalten wird. In der Bronzezeit wurde der Griff aus Holz, Knochen oder Bronze gefertigt.

Gussform oder **Gießform** Ein Block aus Ton oder Stein mit einer Hohlform darin. In diese wird flüssige Bronze oder ein anderes später aushärtendes Material gegossen. Wird die Gussform dann entfernt, bleibt der Abdruck der inneren Hohlform übrig.

H

Hacke Ein Werkzeug, mit dem man Erdboden und weiches Gestein weghacken kann. Die eigentliche Hacke ist aus Stein oder Feuerstein, der Stiel aus Holz. Eine Hacke aus Horn besteht meistens aus der Stange eines Hirschgeweihs mit einem spitzen Seitenende.

Halsring Ein weiter, meist aus Metall gefertigter Ring, der als Schmuck um den Hals getragen wird.

K

Klinge Der Teil eines Beiles, eines Messers oder Schwertes, der seinen Hauptzweck ausmacht, nämlich zu hauen, zu stechen und zu schneiden. Der Hauptteil einer Klinge wird Blatt genannt, die geschärfte Seite Schneide.

M

Mine Ein unterirdischer Ort, an dem nach wertvollen Materialien wie Feuerstein, Kupfer und Zinn gegraben wird. Prähistorische Feuersteinminen gab es zum Beispiel im niederbayerischen Abensberg-Arnhofen, im niederländischen Rijckholt und im wallonischen Spiennes. In Nordwales kann man die Kupfermine Great Orme besuchen.

Moor Schwammiger Boden, der aus den Resten teilweise verwitterter Pflanzen besteht. Ein Moor kann nur in Gebieten mit einer angestauten Schicht Wasser und einer hohen Luftfeuchtigkeit entstehen. Wenn es trocken ist, verwittern die Pflanzen vollständig.

Moorweg Ein Weg aus Holz auf sumpfigem Gelände, der es gestattet, ein Moor zu überqueren. Moorwege können aus dünnen Baumstämmen, Balken, Brettern und Matten aus geflochtener Weide bestehen. Es gibt sie schon seit der Zeit der ersten Bauern vor rund 6000 Jahren.

N

Niederlegung siehe: **Depotfund**

Niete Ein Metallstift mit rundem Kopf, mit dessen Hilfe zwei Dinge miteinander befestigt werden. Dazu wird die Niete bis zum Anschlag durch ein kleines Loch gesteckt. Am anderen Ende entsteht der Schließkopf, zum Beispiel indem das herausschauende Ende der Niete mit einem Hammer breit geschlagen wird. Übrigens: Auch wenn fast alle „die Niete“ sagen, heißt es in der Fachsprache eigentlich der oder das „Niet“.

P

Prähistorie Der Zeitraum in der Geschichte, aus dem wir keine schriftlichen Überlieferungen haben. Man spricht auch von Urgeschichte oder Vorgeschichte. Für den Menschen beginnt die Urgeschichte vor 3,3 Millionen Jahren. In Deutschland endet sie zwischen 60 vor Christus und dem Jahr 0. Die Römer waren in unseren Regionen die Ersten, die geschrieben haben.

R

Radnadel Eine große Bronzenadel, die in der Bronzezeit als Schmuckstück diente sowie dazu, einen Mantel festzustecken. Eine Radnadel hat an einem Ende eine Spitze und an dem anderen einen Kreis mit einem Kreuz darin, oft ergänzt durch einen zweiten, kleineren Kreis und zusätzliche kleine Querbalken. Das Ganze erinnert ein wenig an ein Rad.

S

Schleifstein Ein harter Stein, der dazu dient, Werkzeuge zu schärfen. Das können Werkzeuge aus Metall sein, aber auch aus Stein oder Feuerstein, zum Beispiel Beile. Mit einem kleinen Schleifstein fährt man über das Werkzeug, bei einem großen fährt man umgekehrt mit dem Werkzeug über den Stein.

Schneide Die geschärfte Randseite eines Beiles, eines Messers oder Schwertes.

Fundorte
= Kupfer
= Zinn
IRLAND
OXBOROUGH
RUDHAM
ENGLAND
PLOUGRESCANT
JUTPHAAS
OMMERSCHANS
DÄNEMARK
MÄDCHEN VON EGTVED
NIEDERLANDE
BEAUNE
SCHLACHTFELD IM TOLLENSETAL
BELGIEN
HIMMELSSCHEIBE VON NEBRA
DEUTSCHLAND
FRANKREICH
ALPEN
ÖTZI
PYRENÄEN
SPANIEN

TSCHECHIEN
SERBIEN
GRIECHENLAND
TÜRKEI

Felsgravuren und weitere Funde

Am Anfang eines jeden Kapitels findest du bunte Steine mit darauf abgebildeten Figuren. Wenn du genau hinschaust, entdeckst du sie auch an den Seitenrändern wieder. Diese Figuren gibt es wirklich! Vor 3700 bis 2500 Jahren, in der Bronzezeit, haben Menschen sie mit Hämmern und Meißeln aus Stein in die grauen Felsen geschlagen. Eigentlich sind es also keine Zeichnungen, sondern Gravuren. Die Figuren in diesem Buch wurden alle in der Gemeinde Tanum an der Westküste Schwedens gefunden. Es sind Tausende, verteilt auf etwa sechshundert Fundstellen. Manche sind ganz leicht zu erkennen. Es gibt Menschen mit Speeren, Beilen und Schilden; es gibt Schiffe, Tiere, Karren und Pflüge. Aber auch viele geheimnisvolle Symbole, deren Bedeutung unklar ist. Welche Geschichten hinter all diesen Figuren und Symbolen stecken, weshalb sie angefertigt wurden und warum genau an diesen Stellen, wird vielleicht für immer rätselhaft bleiben. Dennoch geben sie uns einen Einblick in das Leben von damals und das, worüber die Menschen nachdachten. Vom Vitlycke Museum in Tanumshede aus kann man einige der Orte mit Felsgravuren besuchen. Weil sie im Lauf der Zeit ziemlich verwittert sind, wurden die wichtigsten mit roter oder weißer Farbe eingefärbt, damit sie gut zu sehen sind.

Natürlich gibt es noch viel mehr Museen, in denen du Objekte aus der Bronzezeit bewundern kannst. Bist du schon mal im Museum bei dir vor Ort gewesen? Es kann durchaus sein, dass du dort auf Schmuck, Beile oder Schwerter aus Bronze stößt, womöglich sogar aus einem Depotfund. Vielleicht hast du bisher nicht so darauf geachtet, aber nachdem du dieses Buch gelesen hast, lohnt es sich, noch einmal dort nachzuschauen.

Viele der besonderen Funde, von denen du hier gelesen hast, kann man sich auch in Wirklichkeit ansehen. Die Gletschermumie Ötzi zum Beispiel liegt zusammen mit all ihren Sachen im Südtiroler Archäologiemuseum in Bozen, Italien. Das Mädchen von Egtved findest du im dänischen Nationalmuseum in Kopenhagen. Dort gehen dir ohnehin die Augen über, was die Funde aus der Bronzezeit angeht! Ein anderer Ort in Dänemark, an dem du wirklich ganz in die Bronzezeit eintauchen kannst, ist das Moesgaard Museum in Højbjerg (Aarhus).

Die sechs Riesenschwerter sind normalerweise nicht zusammen zu sehen. Das British Museum in London besitzt die Schwerter aus Oxborough und Beaune. Rudham (das verbogene Schwert) ist im Norwich Castle in Norwich zu sehen. Jutphaas und Ommerschans liegen im Nationalmuseum für Altertümer (Rijksmuseum van Oudheden) im niederländischen Leiden. Und Plougrescant findest du im Nationalen Archäologiemuseum im französischen Saint-Germain-en-Laye. All diese Museen besitzen beeindruckende Sammlungen aus der Bronzezeit, genau wie der Ort, an dem du die Himmelsscheibe von Nebra bewundern kannst: das Landesmuseum für Vorgeschichte in Halle an der Saale. Und steht dir der Sinn nach Gold? Dann musst du unbedingt einmal das Irische Nationalmuseum in Dublin besuchen.

Dank

Ein Buch wie dieses schreibt man nicht allein. Darum möchte ich mich gern bei einigen Menschen bedanken. Zuallererst natürlich bei Professor David Fontijn. Nicht nur für die vielen interessanten Gespräche, die wir gehabt haben, sondern auch, weil er einfach darauf vertraute, dass ich aus seinen Forschungen, die er seit Jahren mit viel Leidenschaft betreibt, etwas Schönes machen würde. Für mich ist das nach wie vor alles andere als selbstverständlich. Die Zusammenarbeit mit Sanne te Loo war spannend und inspirierend, die Illustrationen sind schöner geworden, als ich es mir je hätte ausmalen können. Vielen Dank, Sanne! Dank auch an Leentje van Wirdum für alle Kreativität und die prächtige Buchgestaltung. Lektorin Emke Spauwen war diejenige, die dem Verlag Fontaine Uitgevers den Vorschlag für „Zeit der Bronze" unterbreitete, den Verleger Martin Fontijn dort begeistert aufnahm. Danke euch beiden dafür! Und last, but not least danke ich René de Kam: immer mein erster, strenger, aber gerechter Lektor.

Impressum

Zeit der Bronze. Schimmernde Schätze aus dunkler Vergangenheit
von Linda Dielemans

Die Originalausgabe erschien 2019 unter dem Titel *Brons. Over glimmende schatten in mistige moerassen* bei Fontaine Uitgevers, Amsterdam.
Text: Linda Dielemans
Illustrationen: Sanne te Loo
Layout: Leentje van Wirdum

1. Auflage 2023
Veröffentlicht bei ultramar media, Berlin 2023
www.ultramar-media.com

Aus dem Niederländischen übersetzt von Rolf Erdorf

Die deutsche Ausgabe wurde freundlicherweise durch den Nederlands Letterenfonds gefördert.

Nederlands letterenfonds dutch foundation for literature

Copyright © für die deutsche Ausgabe: ultramar media, Berlin
Lektorat: Birge Tetzner
Korrektorat und Satz: Rotkel. Die Textwerkstatt, Berlin
Druck und Bindung: Multiprint Ltd.
Gedruckt auf Papier aus nachhaltigen Quellen in Europa.

Ab- und Nachdruck in gedruckter oder digitaler Form, auch auszugsweise, nur mit schriftlicher Genehmigung des Verlags.

ISBN 978-3-9819200-8-6